# आई एम

उवैस माहरुस

I am

Copyright © Ouvais Mahrus.

All Rights Reserved 2023.

This edition is licensed by Notion Press Pvt. Ltd.

ISBN : 978-93-5786-371-1 (Papper Back)

प्रकाशक : उवैस माहरुस, नोशन प्रेस, चेन्नई

मुद्रक : नोशन प्रेस

प्रथम आवृत्ति : फरवरी 2023

लेखक : उवैस माहरुस

Ouvais Mahrus
I am
Hindi Edition

ज़रूरी बात इस किताब में कुछ शब्द हिंदी में और कुछ शब्द English में इस्तेमाल किए गए हैं, क्योंकि मैं मानता हूं कभी-कभी कुछ चीज़ों को वैसा ही छोड़ देना चाहिए जैसी वो हैं, नहीं तो फिर ख्याल बदल जाते हैं और जज़्बात बदल जाते हैं, अब वो मायने भी हो सकते हैं और इंसान भी।


I am.....

आप सोच रहे होंगे के इस किताब का नाम I am क्यों रखा गया है, क्या कुछ और नाम नहीं हो सकता था तो अब में यह कहना चाहुंगा के अगर कुछ खाली जगहों पर आपको कामयाबी का मोका दिख जाए तो वहां अपने नाम के झंडे गाड़ देना चाहिए अगर आप चाहें तो फ्रंट पेज पर जो I am लिखा है उसके बाद आप अपना नाम लिख सकते हैं क्योंकि अगर इस दुनिया में सबसे खूबसूरत कोई आवाज़ है जिससे आप की पहचान बनने वाली है तो वो सिर्फ आप का नाम है।

**Example - I am Ouvais**

# क्रम-सूची

# प्रस्तावना

मेरा नाम उवैस माहरुस है, यह मेरी लिखी गई पहली किताब है, और यह एक ऐसी किताब है जिसको आप किसी भी चैप्टर से शुरू कर सकते हैं और यह ज़रूरी नहीं के आप इस किताब को शुरूआत से ही पढ़ें वैसे भी हर एक किताब के कुछ चैप्टर ज़रूरी होते हैं सारे चैप्टर अब हर एक इंसान के लिए ज़रूरी हों ऐसा अब कहा नहीं जा सकता, तो आप का जो भी चैप्टर पढ़ने का मन करे आप उसको वहां से पढ़ सकते हैं और मैं आपसे कुछ कहना चाहता हूं, इस किताब के ज़रिए जो शायद हमारे समाज की एक असलियत भी है, आपने सुना होगा के जो वक्त है वो बहुत खुबसूरत होता है, जब हम अपने बचपन में होते हैं तो हम अपने वक्त को मुस्कुरा कर जी रहे होते हैं, फिर धीरे-धीरे इंसान जवान होता है और फिर वो वक्त को जैसे जीना ही छोड़ देता है, और अपने वक्त को काटने लगता है जीने के लिए और अपनी बची हुई उम्र को गुज़ार ने के लिए, तो मैंने एक कहानी में पढ़ा था उसमें एक बच्चा खुद से यह कह रहा था के मेरी दादी हैं वो न तो पढ़ी खिली हैं और न ही उनको इस टेक्नोलॉजी की समझ है, लेकिन वो बहुत खुश रहती हैं अपनी जिंदगी में और न उनको मोबाइल फोन को इस्तेमाल करना आता है, वो इतनी बड़ी होकर भी मानो इस दुनियां से मेरी ही तरह अंजान हैं जिस तरह आज में हूं, लेकिन वो जैसी भी हैं बहुत खुश हैं अपनी ज़िंदगी से, लेकिन वो दुसरो के नज़रिए से खुद को नहीं देखती हैं, दुनिया को देखने का उनका अपना नज़रिया है तो अब वो बच्चा अपनी मां की तरफ देखता है और देखता है के मेरी मां दुनिया की टेक्नोलॉजी को बहुत अच्छे से समझती हैं और वो पढ़ी खिली हैं वो जब खाना खाती हैं तो पता नहीं क्यों यह खाने की तस्वीर अपने फोन से क्लिक करती हैं और फिर उसके बाद कभी वो खुश हो जाती हैं कभी नाराज़ पता नहीं ऐसा क्यों होता है मैं नहीं जानता और वो रोज़ बोलती हैं के आज मुझे इतने लाइक मिले और इतने कम लाइक मिले यह लाइक होता क्या है मुझे समझ नहीं आता शायद में जब बड़ा हो जाऊंगा तो समझ आ जायेगा, वो हमेशा गुस्से में रहती हैं क्योंकि उनको

जॉब पर जाना होता है, और मेरे पापा जो हैं ना जाने क्यों थके-थके रहते हैं, उनको कभी टाइम नहीं रहता मेरे लिए, शायद भारत की जीडीपी में उनका योगदान कुछ ज़्यादा ही है, फिर वो बच्चा अपनी मां को बोलता है के हम क्यों पढ़ते लिखते हैं यह क्यों यह इतना ज़रूरी है, क्यों रोज़ रोज़ स्कूल जाना होता है मुझे, तो उस बच्चे की मां बोलती है के हम इस लिए पढ़ते लिखते हैं जिससे आगे जागे हम एक अच्छी सी नौकरी कर पाएं और खुश रह पाएं तो वो बच्चा अपनी मां को जवाब देता है के मां तो फिर आप क्यों खुश नहीं रहती हो, आप क्यों इतना गुस्सा करती हो पढ़ लिख कर, दादी मां तो इतना खुश रहती हैं जबकि वो न तो स्कूल गई हैं न उनको पढ़ना खिलना आता है, तो मैं भी नहीं जाऊंगा स्कूल क्योंकि मुझे खुश रहना है, तो उस बच्चे की मां उसको बोलती है के तुम बहस नहीं करो और उसको डांट ने लगती है, और स्कूल भेज देती है, फिर वो बच्चा रास्ते में से जा रहा था सोच रहा था के मेरी मां न तो दादी से सही से बात करती हैं ना वो पापा से, एक दिन दादी मां से उनका मोबाइल फोन गिर गया था वो अपने मोबाइल फ़ोन को भी मेरी ही तरह प्यार करती हैं, उन्होंने दादी मां को बहुत भला बुरा बोला और दादी से कहा के आप नहीं समझ सकती इस की कीमत आप जानती भी हैं यह कितने का है अगर आपने यह ब्लैक वाला फ़ोन गिरा दिया होता तो मुझे कोई प्रोब्लम नहीं होती लेकिन यह फोन बहुत महंगा है, यह मेरी 3 महीने की बचत से आया है, आप जानती भी हैं, और पता नहीं मुझे के दादी मां ने मेरी मां को यह क्यों बोल दिया के बहु तुम्हें पहले (Blackberry) मोबाइल फोन से भी ऐसे ही लगाव था आज कोई और आधे कटे हुए सेब की फोन पर छोटी सी फोटो लगा के बेच रहा है तो वो आज ज़्यादा हो गया तुम्हारे लिए बहु एसा भेद-भाव क्यों यह (Blackberry) मोबाइल फ़ोन भी कोई कम पैसों का नहीं था, तो मां जो हैं वो गुस्से से अपने कमरे में चली जाती हैं और कमरे का दरवाज़ा बन्द कर लेती हैं, तो वो बच्चा सोचता है के दादी शायद कम पैसों की हैं और मोबाइल की कीमत ज़्यादा है दादी से, जब मैं घर जाऊंगा तब पूछूंगा मां से के दादी मां कितने की हैं और आप का यह मोबाईल फ़ोन कितने का है, फिर उसी रास्ते में वो बच्चा एक ठेले वाले को देखता है और देखता के वो अपने बच्चे को बहुत प्यार कर रहा

है, और उसको बर्फ का गोला खिला रहा है तो बच्चा सोचता है, के मैं यह भी पूछूंगा के पापा आप ठेला क्यों नहीं चला लेते आपको मेरे लिए और मां के लिए टाइम मिल जाएगा और में आपके ठेला चलाने से खुश रहूंगी यह जॉब बहुत बुरी होती है यह मुझे आपसे छीन रही है यह सब बातें घर जाके मुझे बोलना है पापा को फिर वो स्कूल मैं जाता है और स्कूल मैं सवाल जवाब होते हैं और सबसे पूछा जाता है के तुम क्या बनोगे, तो कोई बोल रहा होता है के में डॉक्टर बनूंगा में वकील बनूंगा और फिर उस बच्चे से पूछा जाता है के तुम क्या बनोगे तो वो बच्चा बोलता है के मैं एक ठेले पर बर्फ का गोला बेचूंगा और इससे मुझे बहुत खुशी मिलेगी क्योंकि मेरी मां डॉक्टर हैं और पापा वकील तो वो दोनो बहुत लड़ते हैं और खुश नहीं हैं तो मुझे नहीं बनना कुछ, फिर यह बात सुनके सब हस्ते हैं फिर उस बच्चे की शिकायत उसके टीचर उसके मां बाप से कर देते हैं फ़ोन करके, फिर वो बच्चा घर आता है बहुत खुशी से अपने बहुत सारे सवाल लेकर जो उसने रास्ते में सोचे थे फिर अचानक उसके पापा बोलते हैं के हमने तुझ पर इतना पैसा इन्वेस्ट किया है और तू इतना घटिया कैसे सोच सकता है, ठेले वाला बनेगा तू वो घटिया इंसान बनेगा तू तेरी सोच इतनी घटिया कैसे हो रही है, किन बच्चो के साथ खेलता है, आज से तेरा सब बंद बाहर जाना, खेलना और आज से सिर्फ पढ़ाई तो वो बच्चा बोलता है के पापा ठेले वाले घटिया नहीं होते तो उसके पापा ने कहा के बहस करता है, और उसको एक ज़ोर का थप्पड़ लगाया और वो बच्चा हताश हो जाता है, उसके सारे सवाल उसकी आंखो में आंसू बनके बह जाते हैं, वो रोने लगता है उस की सारी उम्मेदें उसके सपने मानो जैसे दम तोड़ देते हैं, तो उस दिन वो बच्चा सीख गया था के इस दुनिया की रेस में बस दौड़ना होता है और दौड़ते-दौड़ते मर जाना होता है, फिर उस बच्चे ने उस दिन से कोई सवाल नहीं करा न खुद से न लोगो से फिर वक्त गुज़ारता है उस बच्चे को जैसे-तैसे उसके मां बाप डॉक्टर बना देते हैं लेकिन वो डॉक्टर तो बन जाता है लेकिन एक अच्छा डॉक्टर नहीं बन पता उसको शराब की लत लग जाती है फिर वो बच्चा ड्रग लेने लगता है, वो खुश नहीं होता है, न वो अपने मां बाप से बात करता है, बात होती भी है तो लड़ाई ही होती है मां बाप से, फिर एक दिन क्या होता है उस लड़के की अपने बाप से लड़ाई

हो रही होती है वो लड़का घर से निकाल जाता है, और उसका एक्सीडेंट हो जाता है, और फिर क्या उस एक्सीडेंट के बाद वो उठने की कोशिश करता है लेकिन नहीं उठ पता है, और उसको किसी ने पकड़ा होता है और धीरे से एक आवाज़ आती है के अगर तुम वक्त में पीछे जाना चाहो तो क्या करना चाहोगे तो वो बोलता है वापस एक बार अपने बचपन में जाना चाहूंगा और दादी से मिलना चाहूंगा के दादी मां आप इतना खुश कैसे रह लेती थीं आखिर वो कैसे कर लेती थीं ऐसा क्या था उनके पास जो हम जैसो के पास नहीं है में उनसे खुश रहने का राज़ सीख कर आऊंगा वो सब सीकूंगा जो नहीं सीख पाया, मैं अपने बचपन को जीना चाहता हूं तो फिर अचनाक वो लड़का वक्त में पीछे चला जाता है, एक बार फिर से खुद को देखता है, फिर वो लड़का अपनी दादी मां को देखता है और फिर से अपने मां-बाप को देखता है तो उसने देखा के उसकी दादी मां के लिए रिश्ते ज़्यादा मायने रखते थे न की मेट्रियल स्टिक समान जो की हमारे पास कुछ ही वक्त तक साथ रहते हैं, और जब वो अपने मां बाप को देख रहा था तो उसके मां-बाप अपने से कम कमाने वाले को, जिसके पास काम पैसा है उसको देख के खुश हो रहे थे, और जिसके पास उनसे ज़्यादा पैसा था उनसे अंदर ही अंदर जल रहे थे, फिर उस लड़के को एक जवाब मिल गया अपनी जिंदगी का जिसने उसको हिला कर रख दिया, इस दुनिया में प्रॉब्लम तो तब हो जाती जब एक इंसान को बस अपने मतलब के लिए इस्ताल किया जाता है, और बेजान चीज़ों से प्यार किया जाता है, वो लड़का देख रहा था के कुछ कंपनी और हमारी सरकार और हमारा यह दोगला एजुकेशन सिस्टम की तरफ से लोगों को एक ड्रीम और एक झूठी हॉप (hope) सैल की जा रही है, एक कंपनी आकर यह बता रही थी के आप हमारा यह फोन खरीद लो क्योंकि सारे अमीर लोग हमारा ही मोबाइल फोन इस्तेमाल करते हैं, अगर आप यह मोबाइल फोन नहीं खरीदोगे तो इस दुनिया में और इस समाज में आपकी कोई इज़्ज़त नहीं करेगा, और आपको घटिया इंसान समझा जाएगा, और फिर वो लड़का देखता है अपने देश की सरकार को जो सैल तो कुछ नहीं कर रही थी, लेकिन वो सरकार आपको एक खास इंसान बना कर एक वक्त के लिए आपसे भीख मांग रही थी, के आप उनको ही चुनें क्योंकि अगर आप

उनको नहीं चुनेंगे तो आप भी उनके ही तरह एक दिन फ़कीर बन जाएंगे, और उनका लीडर आम जनता से बोल रहा था के अगर आप को बनना है अमीर तो चुन लो यह फकीर वाह! वाह! जबकि यह ख़ुद अमीर होते हैं और जनता को फ़कीर बना देते हैं, तो उसको अब दूसरा जवाब मिलता है के हम कभी अपनी सरकार से यह नहीं बोलते के आप बस अपना काम करो यही बहुत है, हम खा भी खुद लेंगे और कमा भी खुद लेंगे और तुम्हारा टैक्स भी भर देंगे लेकिन नेता जी बस आप अपना काम करें,

फिर वो देखता है एजुकेशन सिस्टम को और यह भी जानता को बस एक हॉप और एक झूठा ड्रीम सैल कर रहा था के आप डॉक्टर बन जाओगे तो आप की जिंदगी में सब ठीक हो जाएगा आप अगर Upsc कर लोगे तो लोग आप के आगे झुकेंगे और यह लोग यह नहीं बताते के एक I.S को नेताओं के आगे झुकना पढ़ाता है, जो उनसे कम पढ़े लिखे होते हैं, और उनको मां बहन गालियां सुनाई जाती हैं, फिर उसको अब तीसरा जवाब मिलता है, के अगर सब लोग एक ही प्रोफेशन में चले जाएंगे तो देश की इकोनॉमी का क्या होगा, सब अगर जॉब करेंगे तो बिजनेस कोन करेगा, और अगर सब बिजनेस करेंगे तो जॉब कोन करेगा, अगर हमारा एजुकेशन सिस्टम हमें खाने और नहाने के उठने के बैठने के एक ही तरीके को दस तरीके से सिखाएगा, तो हम खाएंगे कब और नहाएंगे कब, उठेंगे कब, बैठेंगे कब, क्या सब कुछ पढ़ लिख ही कर ही सीखा जाता है, तो उस लड़के को उसके जवाब मिल गए होते हैं उसको बहुत गुस्सा आता है के इस सरकार ने और कुछ कैप्टिस्ल्ट ने और यह एजूकेशन सिस्टम ने हमें इंसान से एक मशीन बना दिया और एक बार फिर से हमारा देश गुलाम बन गया है क्योंकि कुछ अमीर लोग नहीं चाहते के कोई भी उनकी बराबरी करे तो इस लिए इन अमीर लोगों ने एक जाल बनाया और इस जाल को लोग इस नाम से जानते हैं

1. TAX
2. INFLATION
3. BANK
4. DEBT
4. RETIREMENT

5. UNEMPLOYMENT
6. GOVERNMENT
7. INTEREST
8. JOBS

उसको पता चल गया था के इस इसलिए मेरे मां बाप एसा बर्ताव करते थे यह वो जान बूझ के नहीं करते थे फिर वो लड़का अपने टीचर के पास जाता है और बोल ता है के तू ने मुझसे मेरा बचपन छीन लिया तूने मुझे यह कभी नहीं बताया के बेटा तुम ज़िंदगी में कुछ भी बनो लेकिन उसके साथ-साथ एक इन्वेस्टर भी बनो यह बहुत ज़रूरी है, अपनी जरूरतों के लिए किसी भी चीज़ पर डिपेंड नहीं रहो अब वो कोई कंपनी हो, या सरकार हो या एजुकेशन सिस्टम, या कोई चीज़ हो, या मां बाप हों, अगर किताबो से पढ़ कर सक्सेस मिलती है, तो यह किताबों को लोग खरीद कर सब सक्सेस क्यों नहीं हो जाते हैं, अगर कार चलाना सीखनी है तो उसमें बैठना पढ़ता है और उसकी प्रैक्टिस करनी होती है, तब जाके हमें कार चलाना आती है, ना कि कार के बारे में पढ़ने से कार चलाना आती है, फिर वो लड़का अपने टीचर को एक ज़ोर का थप्पड़ जड़ देता है, वो जो बीत गया वो सदी युग है यह तो कलयुग था और अगर इस कलयुग में, किसी छोटे ने बड़े को थप्पड़ मारा है, तो समझ जाओ के एक शिष्य ने अपने गुरु को मारा है, एक बेटे ने बाप को मारा है, यह कलयुग है अब शिष्य अंगूठा नहीं काटेगा अब शिष्य गुरु को अंगूठा दिखाएगा, यहां पापी लोग भी अच्छे दिखाई देते हैं यह कलयुग है यहां पापी लोग भी ऊंचे पद पर हैं, यह कल युग है एक वक्त था जब रावण की गलतियों पर इंसान तोबा किया कतरा था और आज रावण इंसान की गलतियों पर तोबा करता होगा, तो अब आते हैं कहानी पर वो लड़का अब वापस अपने वक्त में जाना चाहता था और अब वक्त आ गया था जाने का लेकिन वो अखरी बार दादी मां से मिलना चाहता था और वो जाता है मिलने और उसकी दादी मां उसे पहचान लेती हैं और दादी मां उस लड़के से कहती हैं के बेटा लगता है यह वक्त तुम्हें रास नहीं आया तुम्हारा चेहरा बता रहा के तुम बहुत तंग आ चुके हो जिंदगी से तो वो लड़का बोलता हां दादी, अब वो लड़का बोलता है के दादी आप इतना खुश कैसे रह लेती हो क्या

राज़ है इसका, के आप को मैंने कभी उदास नहीं देखा, तो उसकी दादी उसको अपने पास बेहठाती हैं, और कहती हैं के आज के वक्त में पैसा जितना ज़्यादा ज़रूरी बताया जा रहा है, उतना ज़्यादा वो जरूरी नहीं है, में इस लिए इतनी खुश हूं के मेरी ज़िंदगी में जो भी मेरे साथ रहा और जिसको भी मैंने मेरी ज़िंदगी में ज़रूरी समझा है उससे मेरा रिश्ता बहुत अच्छा रहा है, जैसे तुम्हारे पापा, तुम्हारे दादा, तुम्हारी पर दादी, तुम्हारे पर दादा, तो मैंने कभी बेजान चीज़ों को कभी अपने लिए ज़रूरी समझा ही नहीं, अपने लिए मैंने उन चीज़ों को भी ज़रूरी नहीं समझा को मेरे साथ कुछ वक्त के लिए हैं, यह दुनिया क्या है, इससे क्या ही उम्मीद रखना, जब इसको भी एक वक्त में खत्म हो जाना है, इस दुनिया में सब झूट है जो सच है वो रिश्ते होते हैं, उन रिश्तों की इज़्ज़त करना अब कोई मेरी इज़्ज़त करे न करे तो मुझे इससे कोई फर्क नहीं पड़ता, वो उनका नज़रिया है और मेरा एक अलग नज़रिया है, जो मेरी पहचान है वो सिर्फ़ मुझसे है, मेरे नाम से, मेरे कामों से, में लोगो को कभी भी अपनी नज़र से नहीं देखती हूं, मैं लोगो को उनकी ही नज़र से देखती हूं, क्योंकि अगर मेरे पास एक ऐसा रिश्ता है जो की सोना है अब मुझे इससे फर्क नहीं पड़ता के मेरे पास बाकी सड़े हुए रिश्ते भी हैं, अगर तुमने अब भी उस रिश्ते को नहीं पहचाना है, तो अब भी तुम बच्चे हो, क्योंकि इस दुनिया में एक सिर्फ एक चीज़ है जो सिर्फ एक ही बार होती है उसके बाद वो फिर कभी नहीं होती है, लेकिन अगर इस दुनिया में कोई चीज़ दूसरी बार भी होती तो इसका मतलब है वो तीसरी बार भी होगी, इसको तुम कामयाबी बोल सकते हो, प्यार कह सकते हो या किसी की नफ़रत यह तुम पर निर्भर करता है, और ज़रूरी बात याद रखना के इस दुनिया में कोई भी चीज़ पूरी तरह से गलत नहीं हैं एक खराब घड़ी भी दिन में दो बार सही टाइम तो बता ही देती है, जो आज तुम्हारे पास है वो तुम्हारे मां बाप हैं उनको माफ करदो, और कोशिश करो के इस समाज में किसी अमीर और खुश रहने वालो से कभी तुम्हें जलना नहीं है, क्योंकि तुम भी तो उनकी ही तरह बनना चाहते हो, तो क्यों न उनके लिए भी तुम दुआ करो, पर मैं अखरी बार यही कहना चाहूंगी के बेटा जो भी रिश्ते आज तुम्हारे पास हैं उनकी इज़्ज़त करो क्योंकि जिंदगी मैं अपने ही काम आते हैं, मुझे इतनी तो

उम्मीद है के अगर तुम्हारी जेब में एक रूपया भी नहीं होगा तो तुम्हारे मां बाप तुम्हारे काम आएंगे, अगर तुम किसी अस्पताल में भी होगे बीमार तो वो अपना जी जान लगा देंगे तुम्हारे लिए, मैं इस लिए इतनी खुश हूं के मेरा कुछ अच्छा था या नहीं में नहीं जानती, लेकिन मेरे रिश्ते ज़रूर अच्छे थे, फिर अचानक उस लड़के की आंख खुलती है और वो देखता है के वो अस्पताल में है और उसके मां बाप उसके साथ थे वो खुश हो जाता है, फिर उसको एहसास होता है के वो वक्त में पीछे नहीं गया था वो तो सपना देख रहा था, लेकिन वो जो बदला हुआ था वो उसका नज़रिया था और वो रोने लगता है और अपने मां बाप को गले लगा लेता है, एक नई उम्मीद और एक नई खुशी उसकी आंखो मैं होती है।

जो वक्त है यह बहुत कीमती होता है, जो एक बार अगर निकल जाए, तो कभी वापस नहीं आता है, ज़रा सोचिए वो लड़का तो चला गया अपने गुज़रे हुए वक्त में लेकिन क्या आप और में जा सकते हैं, एक बार ज़रा सोचिए अगर आपको अपने बीते हुए कल में वापस जाने को मिल जाए जो गुज़र चुका है, तो आप क्या करेंगे मुझे लगता के आप लोग अपनी पुरानी गलतियां ठीक करना चाहेंगे और हां शायद मैं भी यही करूंगा मैं मेरे बीते हुए कल में जाने के बाद मेरी गलतियां ठीक करना चाहूंगा, लेकिन ऐसा नहीं हो सकता, तो क्यों न हम अपने आज को ही बेहतर बना लें के हमारा आने वाला कल बेहतर हो जाए, क्योंकि जो फ्यूचर बनते हैं वो हमारे आज से बनते हैं, और यह सिर्फ एक किताब नहीं यह एक तमाचा भी है एक ऐसे झूठे समाज पर और उन मोटीवेशनल स्पीकर पर जो लोगों को बस एक ही ज्ञान देते हैं के रिश्ते नाते सब जाने दो भाड़ में ज़िंदगी में बस अमीर बन जाओ करोड़ पाती बन जाओ तो इससे तुम्हारे सारे दुख खत्म हो जाएंगे और एक ऐसे समाज पर जो आप आपकी इज़्ज़त सिर्फ आपके कपड़ो से और आपके पैसों से करता है, मोटीवेशनल स्पीकर कभी भी आपको Steve Jobs के अखरी शब्दों और उसने लास्ट मैसेज को सुनने को नहीं बोलेंगे के वो अपने अखरी वक्त में इतना उदास क्यों था, के मैंने यह क्या किया अपनी जिंदगी में मेरे अपने और मेरे दोस्त तो पीछे ही छूट गए इतनी सक्सेस हासिल करने के बाद भी वो अकेला फील कर रहा था और यह यह टीचर्स आपको ज्ञान देते

होंगे Warren Buffett का के वो इन्वेस्ट करके अमीर बन गया लेकिन वो टीचर्स आपको कभी नहीं बताएंगे के Warren Buffett के पिताजी Howard Buffett अमेरिका के एक नामी बिजनेस मैन थे और एक Politician भी जिनके पास अंदर की भी खबर होती है, आपके मां बाप आपको Bill Gates का उदाहरण देते होंगे के देख उसने कितनी छोटी उम्र में दौलत शोहरत हासिल की है, जब वो कर सकता है तो तू क्यों नहीं कर सकता, लेकिन शायद उनको पता नहीं के Bill Gates के पिताजी एक नामी वकील थे उनकी मां एक American Business Woman थीं जिन्होंने उनकी शुरूआत में बहुत मदद की है, और Jeff Bezos के पिताजी ने भी उनको 3 Tousand Dollar दिए थे बिज़नेस के लिए तब जाके गराज में उन्होंने इतनी बड़ी कंपनी शुरू की और यह समाज कभी आपको सही राह नहीं दिखाएगा, यहां रहने वाले लोग आपके साथ बस इतना ही करेंगे के आपको इस्तेमाल करके बस अपना मतलब कैसे निकाला जाए, में यह कहना चाहता हूं के एडवाइस हमेशा कहानियां, इतिहास अनुमान, परंपराओं को बताती है जिसका Reality से कोई लेना देना हो या न हो कहा नहीं जा सकता यह किसी इंसान का अनुमान हो सकता है बस और इससे ज़्यादा कुछ नहीं अगर आप किसी की सलाह लेते हैं बिना Fact के तो यह आप के जीवन को मुश्किल में भी डाल सकता है और आपका जीवन खुशहाल भी बना सकता है यानी बिना Fact की एडवाइस को मानना यह एक बहुत बड़ी मूर्खता है, क्योंकि अब आपकी जिंदगी रिस्क में है आ चुकी है, और यह किताब रिश्तों के कुछ हालातों को बयान करती है, तो जैसे-जैसे आप यह किताब पढ़ते जायेंगे तो यह किताब डीप और डार्क होती जाएगी।

मैं व्यापार की दुनियां में सफलता के शिखर पर पहुँच गया, दूसरों की नज़रों में मेरी ज़िन्दगी सफलता का एक उदाहरण बनी, फिर भी काम से अलग मुझे थोड़ी खुशी मिली, अंत में दौलत ही ज़िन्दगी की एक सच्चाई है जिसका मैं आदि हूँ, मैं इस पल बीमारी के बिस्तर पर पड़ा हूं, मैं अपना जीवन याद कर रहा हूँ, मुझे एहसास हुआ कि सभी मान्येताएँ और दौलत जिस पर मुझे गर्व था वो मौत के सामने धुंधली और ख़राब सी दिख रही है, अंधेरे में मैं लाइफ सपोर्टिंग मशीन में ग्रीन लाइट को

जलते हुए देखता हूँ और गुनगुनाती हुई मैकेनिकल साउंड को भी सुनता हूं, मैं मौत के फरिश्ते की सांसों को महसूस कर सकता हूँ, अब मुझे लगता है जब हमारे पास जीवन भर के लिए काफी दौलत हो, तो हमें कुछ और करना चाहिए जो दौलत से कुछ हटकर हो, कुछ ज़रूरी सा शायद कुछ रिश्ते, शायद कोई आर्ट, शायद कोई सपना अपने जवानी के दिनों का, दौलत शोहरत का पीछा करने से एक इंसान उसी में फंसा रह जाता है, जैसा कि मैं, भगवान ने हमें सभी के दिलों में प्यार महसूस करने लायक अक़्लमंदी दी है ना कि कोई ग़लतफ़हमी जो दौलत शोहरत से आती है, जो दौलत शोहरत मैंने कमाई है मैं उसे साथ नहीं ले जा सकता, लेकिन लेकर जा सकता हूँ तो सिर्फ़ यादें कुछ प्यार की, यह सच है कि पैसा आपके साथ घूमेगा, आपकी कंपनी आपको पॉवर और रौशनी देगी प्यार हज़ार उम्मीदों का सफ़र तय कर सकता है, ज़िन्दगी में कोई बंदिश नहीं है, जाओ जहाँ तुम जाना चाहते हो, हर उचाई को छुओ जिसे तुम छूना चाहते हो, यह आपके दिल और आपके हाथों में है, दुनिया का सबसे कीमती बिस्तर कौन सा है बीमारी का बिस्तर, आप किसी को नौकरी दे सकते हैं आपकी खुद की कार चलाने के लिए और पैसा कमाने के लिए, लेकिन आप किसी को अपनी बीमारी नहीं दे सकते हैं, खोई हुई चीज़ एक बार मिल सकती है लेकिन ज़िन्दगी में एक चीज़ है जो खोने के बाद कभी दोबारा नहीं मिलती वो है हमारी ज़िन्दगी, जब कोई इंसान ऑपरेशन रूम में जाता है तब उसे समझ आता है की अभी एक किताब बाकी है पढ़ने के लिए और वो किताब है द बुक ऑफ हेल्थी लाइफ, आप अपनी ज़िन्दगी में किसी भी पायदान पर हो, वक्त के साथ आपको अपना आखरी वक्त भी देखना है, प्यार करो अपने परिवार से, अपनी बीवी से, अपने बच्चों से, अपने दोस्तों से खुद से अच्छा व्यवहार करो और दूसरों से भी, हमारी ज़िन्दगी काफी सरल है सिर्फ़ हम ही हैं जो इसे कठिन बनाते हैं किसी उस चीज़ की चाह में जो हमारे लिए है ही नहीं, जिसकी हमें कोई ज़रूरत ही नहीं, दोस्तों ज़िन्दगी को जियोगे पूरी तरह यह बहुत आसान है आप जितना इसे जियोगे, यह आपको उतना ही ज्यादा मौका देगी जीने के लिए।

Steve Jobs.

# 1

## लेटर

मेरी प्यारी Xyz,

आज की डेट में भी ओल्ड स्कूल लव जो है वो बहुत प्यारा है, कहीं ना कहीं में उससे कनेक्ट भी हो जाता हूं, मैं भी उन्हीं लड़को में से आता हूं, जो आज की तारीख में प्रैक्टिकल लव नहीं कर पाते, अगर तुम किसी और से प्यार करोगी तो अंदर ही अंदर मुझे जलन होगी, अगर तुम किसी और लड़के की बातों पर हसोगी तो शायद में अन्दर से रोने लगूं के तुम उससे बात न करो, क्योंकि मैं यह नहीं चाहता हूँ, जब तुम्हारे चेहरे पर हंसी आए तो उसकी वजह में बनू, तुम्हारी हंसी के पीछे कोई नाम हो तो वो मेरा हो, तुम्हारे हर एक वक्त पर हर एक पल पर मेरा हक हो, मैं जानता हूं के यह गलत है, मोहब्बत किसी को कैद नहीं करने देती, आप किसी से प्यार करते हो इसका मतलब ये नहीं कि आप उसे कैद कर लो, लेकिन ये मेरी एक अलग सी फीलिंग है, ये मेरी अजीब सी हरकत है तुम्हारे होंट प्यार से नाम भी लें तो वो नाम सिर्फ मेरा हो, किसी और का नहीं, ओल्ड स्कूल के और जो सरकारी स्कूल के लड़के होते हैं, जो बैक बेंचर होते हैं, जो लास्ट में बैठते हैं, जो नए ज़माने में पुराने ख्यालात रखते हैं, और शायद में भी उन्हीं में से एक हूं, और शयाद आज के जमाने जैसा वो प्यार में नहीं कर सकता, क्योंकि मेरी सोच अलग है, मैं कुछ अलग तरीके से सोचता हूं प्यार, इश्क मोहब्बत को लेकर, बहुत अलग तरीके से, में तुम्हें जींस पहन ने से नहीं रोक रहा, और न में तुम्हें स्किर्ट

पहन ने से नहीं रोक रहा, बस में तुमसे यह कहना चाहता हूं के तुम कुर्ते में बहुत प्यारी लगती हो, चांद पर ग्रहण लगता है लग जाए, सूरज पर लगे तो लग जाए, लेकिन तुम्हारी तरफ किसी ने गन्दी नज़र से देखा न, तुम्हारे जिस्म को घूरा न तो में बर्दाश्त नहीं कर पाउँगा, सच में बर्दाश नहीं कर पाउँगा, में उसकी आँखे फोड़ दूंगा, और बहुत सारी लड़कियां हैं उनके बॉयफ्रेंड रहते हैं, कूल बॉय प्ले बॉय वो उन्हें बहुत प्यार से समझाने की कोशिश करती हैं के बाबू समझो ना प्लीज़, ऐसा होता है दुनिया में, इस तरह से दुनिया चलती है, उनकी सोच छोटी है, उनकी नीयत गन्दी है, तुम किस-किस से लड़ोगे मेरे लिए।

सच कहूं तो में पूरी दुनिया से लड़ जाऊंगा, अगर पूरी दुनिया तुम्हें उस गंदी नज़र से से दिखेगी और घूर के दिखेगी तो में पूरी दुनिया की आंखों में तेज़ाब डाल दूंगा, मेरा इश्क मेरी मोहब्बत सबसे अलग होगी, क्योंकि मेरी मोहब्बत सब जैसी नहीं है, में और लोगो की तरह से नहीं सोच सकता, वो बात तो तुमने सुनी होगी के इश्क़ पर कोई ज़ोर नहीं होता तो में प्यार की परिभाषा सीख कर प्यार नहीं करना चाहता, में अपने प्यार की अलग परिभाषा बना ना चाहता हूँ, में अपने तरीके का इश्क़ करना चाहता हूँ, तुम मुझे कुछ समझाना चाहती हो, और तुम थोड़ी सी उलझन में हो, वो सब मुझसे शुरू हो कर, मुझपे ही खत्म हो जाए किसी और पर न जाए हाँ में खुदगर्ज़ हूँ, बहुत ज़्यादा सिर्फ तुम्हें लेकर ऐसा नहीं है के में तुम्हारे साथ दुनिया में घूमना नहीं चाहता, लेकिन में क्या करूं, मेरी दुनिया तुमसे शुरू हो कर तुम्हीं पर खत्म हो जाती है, ऐसा नहीं है के में तुम्हारे साथ सिनेमा हॉल नहीं जाना चाहता, एक फिल्म जहाँ पर अँधेरा होता है, थिएटर जहाँ 72mm के पर्दे पर फिल्म चलती है, लेकिन में उस फिल्म को नहीं देखना चाहता, जैसे तुम मेरे करीब बैठी हो, और मैं तुम्हारे तरफ बैठ कर में यह सोच रहा हूँ, क्या मुझे भी खुद पर घमंड करना चाहिए, उस चांद को बहुत घमंड है ना अपने आप पर के वो आसमान में है और वो सबसे खूबसूरत है वो इस दुनिया में नहीं बैठा है, लेकिन जो चांद अभी मेरे पास और मेरे साथ बैठा है और में उसे देख रहा हूं तो क्या मुझे खुद पर घमंड करना चाहिए अजीब से हालात हैं, अजीब सी सिचुएशन है के मेरा चाँद मेरे पास बैठा है, और में

उस चाँद को में देख रहा हूँ, और वो चांद 72mm के पर्दे पर कुछ नमूनों को देख रहा है कभी-कभी इंसान को खुद की जो अहमियत है वो नहीं पता होती, वो कब पता चलती है जब हमारी अहमियत समझने वाला कोई इंसान हमारी ज़िन्दगी में आता है और वो लड़का में बन ना चाहता हूं जो तुम्हारी अहमियत समझेंगा तुमसे भी ज़्यादा, जो तुम्हें ज़िन्दगी भर यह एहसास दिला के रखेगा के तुम इस दुनिया की सबसे खूबसूरत लड़की हो, हां तुम इस दुनिया की सबसे खूबसूरत लड़की हो, मेरी नज़र में तुमसे खूबसूरत दुनिया की कोई लड़की नहीं है, और मेरा इश्क़ तुम्हारी ज़ुल्फो से लेकर, तुम्हारी झुर्रियों तक का सफर तय करेगा, में अपनी मोहब्बत पर कभी घमंड न कर पाऊं, लेकिन मेरी मोहब्बत को खुद पर हमेशा घमंड रहेगा की वोह मेरी मोहब्बत है और अगर तुम्हें यकीन न हो तो ज़िन्दगी भर तक एक अजमाइश करलो, खुद से सवाल करलो, के एक लड़का था जो अपने अखरी वक्त तक ज़िन्दगी में सिर्फ तुमसे ही प्यार करता रहा, ऐसा नहीं है के वोह प्यार की तलाश में भटका नहीं, ऐसा नहीं है के उसने लड़कियां नहीं देखीं लेकिन तुमसे खूबसूरत नहीं देखी, जिंदगी में जब अखरी वक्त आएगा तब शायद में तुम्हें अपनी मोहब्बत की क़ैद से आज़ाद कर दूंगा, और तुम भी मुझे आज़ाद कर दोगी, उसके बाद में तुम्हें कोई नहीं रोकेगा कोई नहीं टोकेगा, तुम्हारे चहरे पर जो मुस्कान आयगी उसकी वजह सिर्फ वही होगा जिसकी वजह से आई है, वो खुवाईश किसी की नहीं होगी के तुम्हारे होंठों पर सिर्फ मेरा ही नाम हो के तुम्हारे चहरे की मुस्कान सिर्फ मेरे ही वजह से हो फिर वो में नहीं बनना चाहूंगा सिर्फ आखरी वक़्त तक, उसके बाद पता नहीं, क्या होता है क्या नहीं होता में नहीं जानता, मैंने कहा ना नए ज़माने में एक पुराने ख़यालात वाला लड़का, और तुम मुझे कितना भी समझाने की कोशिश कर लो के प्लीज़ समझो, में जनता हूं मोहब्बत का मतलब क़ैद करना नहीं होता, क्योंकि में और लोगो के जैसी मोहब्बत नहीं कर सकता, क्योंकि मेरी मोहब्बत और लोगो जैसी नहीं है, इस लिए शायद में तुमसे दूर हूँ तुमसे मिल नहीं पाया के कहीं में तुम्हें क़ैद न करदूँ।
 Ouvais Mahrus

# 2

# ब्रेकअप डे

एक सवाल है जो अक्सर पूछा जाता है की भाई मेरा ब्रेकअप हो गया, मुझे लड़की छोड़ के चली गयी मैं डिप्रेशन में हूँ और मुझे बिना वजह छोड़ के चली गयी, मैं तो बहुत ज़्यादा प्यार करता था, कोई वजह नहीं बता के गई मैं सोचता हूँ लोग मुझसे इतने सवाल क्यों पूछते हैं, मैं तुम्हारी क्या मदद कर सकता हूँ, फिर मुझे खयाल आता है मैं सोचता हूँ, लोगों को लगता है शायद उनके सवालों के जवाब मेरे पास हैं तो उन्हीं सवालों के जवाब देने की कोशीश करूँगा अच्छे लगे तो लाइफ के अंदर कोशिश करना इसलिए टॉपिक थोड़ा लॉन्ग हो सकता है कि मैं जो बातें समझाना चाहता हूँ, मैं जो बातें कहना चाहता हूँ उसमें मुझे टाइम लगता है यह कोई 2 मिनट की बात नहीं है की बस बोल दिया, सिंपल सी बात है मैं यह कहना चाहता हूँ लाइफ बहुत सिंपल है, अगर आप समझो, लाइफ जो है उसको सिंपल रहने दो तुम्हें यह लगता है ना की ज़िंदगी में तुम्हें कोई बेवजह छोड़ के चला गया, तो कोई भी इंसान तुम्हें बेवजह छोड़ के नहीं जाता है, हर बेवजह की एक वजह होती है, हर चीज़ की एक कीमत होती है, और हर रिश्ते की एक्सपाइरी डेट होती है, लेकिन प्यार मोहब्बत रिलेशनशिप के मामले के अंदर मेरा एक्सपीरियंस बहुत ही कमाल का रहा है वो जो सुकून है, लोगो को मना के रखने में जो मज़ा है जो सुकून है, जो पागलपन है वो एक अलग ही है, उन्हें अपना बनाए रखो, तुम खुद की इज़्ज़त खुद करना सीखो ताकि लोग तुम्हारी इज़्ज़त करें, तुम

खुद से प्यार करना सीखो ताकि लोग तुम से प्यार करें, तुम अपने आप को इतना कीमती बनाओ ताकि लोग तुम्हें खोने से डरें और जिस दिन लोग तुम्हें खोने से डर गए उस दिन तुम्हारे रिश्ते नहीं टूटेंगे, सामने वाला तुम्हें तब छोड़ता है जब उसका तुम्हें छोड़ देने में कोई नुकसान नहीं है, लेकिन दिमाग से बिलकुल पागल मत रहो अब जो मैं तुम्हें बात बताने जा रहा हूँ, अगर लड़का है तो सुन लो अगर लड़की है तो सुन लो, अगर रिलेशनशिप के अंदर लड़की है तो माँ बनने की कोशीश ना करे, और अगर लड़का है तो बाप बनने की कोशीश ना करे, क्योंकि कोई तुमसे प्यार इसलिए नहीं करेगा कि वो मेंटल हरासमेंट (Mental Harrasment) झेलता रहे, वो दुखी रहे, वो अपनी आज़ादी भूल जाए दबाव बनाने में और केयर (Care) करने में बहुत फर्क होता है, आज़ादी हर इंसान का हक है तुम एक रिलेशनशिप को परफेक्ट बनाने के चक्कर में रिलेशनशिप को खूबसूरत नहीं बना पाते हो, कमियां हर एक इंसान में होती हैं, यह बात तुम क्यों नहीं समझ पाते हो और अब बात करता हूँ लड़का या लड़की के बेवजह छोड़ के चले जाने की तो एक लड़की का जो सेंस ऑफ ह्यूमर (Sense Of Humour) होता है ना, वो एक लड़के से बहुत ज़्यादा आगे होता है, बहुत आगे यह हिंदी मूवी के अंदर देख के लड़की का अंदाजा मत लगाया करो और यह बॉलीवुड मूवी में लड़की को इतना अजीब क्यों दिखाया जाता है पता नहीं, यह सच नहीं है के बॉलीवुड मूवी में लड़की को जैसा दिखाया जा रहा है लड़की वैसी हो और ऐसा बिलकुल भी नहीं है, एक लड़की जब तुमसे मेंटली, फिजिकली, इमोशनली जब हर तरीके से अटैच हो जाती है तो वो तुम्हें हर जगह से पहचान लेती है उसे यह पता रहता है कि तुम कब क्या कौन सी बात सोचते हो, तुम्हें कब क्या कौन सी बात कहनी है, तुम्हें कौन सी बात से हर्ट होता है, तुम कौन सी बात से खुश होते हो तुम्हारी फेवरेट चीज़ गया है, हर एक चीज़ के बारे में उसे पता होता है, तो अक्सर सुनने को मिलता है की भाई यार मेरी गर्लफ्रेंड है ना मुझे गुस्से के अंदर बहुत कुछ बोलती है, वो गुस्से में थी इसलिए मैंने सोचा की छोड़ो, तो आप मेरी बात को समझने की कोशिश कर सकते हैं के लड़की गुस्से के अंदर भी वो ही बात बोलेगी जो उसे बोलनी है, बहुत कंट्रोल होता है लड़की का

अपनी फीलिंग्स पर बहुत ज़्यादा तो अगर कोई भी लड़की गुस्से के अंदर तुम्हारी इनसल्ट कर रही है, तुम्हारी इज़्ज़त की धज्जियां उड़ा रही 3 या 4 महीने से और तुम्हें नज़र अंदाज़ कर रही है बार-बार तो समझ जाओ के The End होने का वक्त आ गया है, जब सामने वाला अपनी बात कह नहीं पाता है और दूसरा हमारी बात को समझ नहीं पाता है तो समझ जाना चाहिए के रिश्ता अब निभाया नहीं जा रहा है रिश्ता अब घसीटा जा रहा है, जब सामने वाले को झूठ बोलने में एक वजह मिल जाती है, तो वो झूठ एक झूठ नहीं होता वोह एक धोका होता है, जो तुम अपने आपको दे रहे हो, आखिर कब तक ऐसा करोगे 1 साल 2 साल फिर उसके बाद जब एक लड़के का शक किसी लड़की के लिए सही निकलता है या जब एक लड़के का शक किसी लड़की के लिए गलत निकलता है तो दोनो ही हालातों में लड़का खुद को खुद ही बर्बाद करता नज़र आता है, जब एक लड़की का दिल प्यार में टूटता है तो वो लड़की अपने वक्त और दिल को कहीं और लगा लेती है, और जब एक लड़के का दिल प्यार में टूटता है तो वो लड़का अपने वक्त और उम्र को उस दिल के टुकड़ों को समेट ने में लगा देता है, में नहीं जानता के तुम किस तरीके से रिलेशनशिप को हैंडल करते हो, किस तरीके से नहीं करते हो, फिर तुम आगे जाके किसी को मैसेज कर रहे हो और यह कह रहे हो भाई बिना वजह छोड़ के चली गयी यह वजह काफी नहीं थी जब भी तुम्हारे वक्त और जिंदगी में कोई ऐसा मोड़ आता है और तुम्हारा रिलेशनशिप में ब्रेकअप हो जाता है जिसे तुम अपना समझते रहे वही इंसान तुम्हें छोड़ के चला जाता है, तो यार कुछ बनने का और कुछ काम करने का ट्राई करो और इसलिए मत करो कि उसे दिखाना है, नहीं कभी भी किसी को दिखाने के लिए कुछ ट्राई मत करना, किसी को दिखाने के लिए कुछ काम नहीं करना वरना अपने काम से तुम प्यार नहीं कर पाओगे, हर वक्त तुम यह सोचोगे के यार उसको दिखाना है, इसको कुछ बन कर दिखाना है, इससे बदला लेना है, तो यह एक दिखावा होगा खुद के सैटिस्फैक्शन (Satisfaction) के लिए, तो आप जो भी काम करें तो खुद की खुशी के लिए करना, अगर नहीं समझ आए तो चैपटर क्लोज़ कर दिया करो भाड़ में जाने दो क्योंकि कुछ न करना भी कभी-कभी एक अच्छा फैसला होता है, और

जब तुम आगे जाके रिलेशनशिप में जाओगे तो उसको इतने अच्छे से निभाओगे के तुम्हें खुद पर नाज़ होगा और यह बात दिमाग से और दिल से निकाल दो की एक बार जिंदगी में प्यार होता है, दुबारा कभी प्यार हो ही नहीं पाता है, हो जायेगा आगे जाके हो जाएगा और तब तुम उस रिलेशनशिप को जिस तरीके से हैंडल करोगे ना तो तुम्हें खुद पे प्राउड हो जायेगा, तुम्हें पता लगने लग जाएगा कि सामने वाले पार्टनर को भी स्पेस चाहिए होता है, बहुत सारी चीजें हैं जो तुम्हें पता लगेंगी और वो कौन से निब्बा निब्बी हैं जो यह दस पंद्रह साल के जो बच्चे हैं आज कल रिलेशनशिप में आ जाते हैं अगर वो यह टॉपिक रीड (Read) कर रहे हैं तो प्लीज़ बेटा मत पड़ो, जब तुम और बड़े हो जाओगे तभी पड़ के देख लेना शायद तब तुम्हें बातें समझ में आ जाएं अभी तो नहीं आएंगी, और तुम्हें किसी से प्यार करने का हक तभी है जब तुम दिमाग से स्टेबल रहो मेंटली (Mentaly) तुम बहुत स्ट्रॉन्ग रहो, मैं यह नहीं कह रहा है कि तुम फाइनैंशली बहुत स्ट्रॉन्ग रहो कि तुम्हारे पास दौलत हो और तुम टाटा बिरला अंबानी बन जाओ अगर ठीक है तुम्हारा सामने वाला पार्टनर है वो नहीं डिमांड करता है तुमसे इन चीजों की तो ठीक है, अच्छी बात है लेकिन अपने आप को इतना मेंटली स्ट्रॉन्ग रखो की जब भी वो कोई प्रॉब्लम में रहे या कोई भी सिचुएशन हो उसकी जिंदगी में तो वो इंसान सबसे पहले सिर्फ तुम्हें कॉल लगाए, तुम से बात करे, उसे यकीन हो की मेरा बॉयफ्रेंड है, एक बंदा है जिसे मैं जानती हूँ, एक मेरा पार्टनर है मैं जिससे में बहुत प्यार करती हूँ, वो सब संभाल लेगा, मैं उससे बात करूँगी तो उसको सब बातें बताऊंगी, इतना तो उसको लगे के मेरी टेंशन गायब हो जाएगी मैं खुश हो जाउंगी, अक्सर मैं देखता हूँ की जब लड़कियों का दिमाग खराब सुनने को मिलता है उनके Boyfriend की यह शिकायत रहती है की यार मेरी गर्लफ्रेंड का दिमाग खराब होता है तो वो किसी और से बात कर रही होती है ना की वो मुझे कॉल करती है, वो बस अपने मेल बेस्ट फ्रेन्ड (Male Bestfriend) को ही कॉल मिला देती है, दिन भर बस Male Bestfriend के गुड़-गान होते रहते हैं, में तंग आ चुका हूं बस अब नहीं होता मुझसे, वो यह बोलती के यार जब मेरा माइंड ऑफ होता है तो में मेरे मेल बेस्ट फ्रेंड से बात कर लेती हूं, क्योंकि मैंने

देखा है वो थोड़ा मच्योर है वो मुझे अच्छे तरीके से बात समझा देता है, तुम बस मुझे Solution बताते हो तुम सुनना ही कहां चाहते हो कुछ, मुझे तुम्हारे सपोर्ट की ज़रूरत है ना की तुम्हारे Solution की, तो इस Moment में लड़की इन डाइरेक्टली और डाइरेक्टली तुमसे यह कहना चाह रही है कि तुम गधे हो कि मेरा जब दिमाग खराब है, हर बार में अपनी प्रॉब्लम को खुद ही हैंडल करती हूं लेकिन अब नहीं हो रही मुझसे मेरी प्रॉब्लम हैंडल, जब मैं अपनी सिचुएशन को हैंडल नहीं कर पा रही हूँ तो तुम्हें कॉल मिलाने के बजाय में अपने मेल बेस्ट फ्रेंड फोन कॉल कर रही है हूं, क्योंकि वो तुम से ज़्यादा मच्योर है, वो तुम से कई ज़्यादा चीजें समझता है, तो अगर तुम ही वो बातें समझा दो उसे अगर तुम ही वो बातें उसकी समझ जाओ, तो कोई भी दुनिया की लड़की इतनी बेवकूफ नहीं हो सकती जो तुम्हें छोड़ के वो अपने बेस्ट फ्रेंड है को कॉल मिलाएगी, कोई भी लड़की नहीं होगी मेरे ख्याल से ऐसी, अगर हर बार ऐसा होता है और तुम्हारी कोई इज़्ज़त नहीं है उस रिश्ते में तो तुम्हें वो रिश्ता वहीं खत्म कर देना चाहिए और हर बार गलती लड़की की भी नहीं होती मैं तुम्हें एक छोटी और सिम्पल सी स्टोरी सुनाता हूँ मेरा एक फ्रेंड है जो बहुत ज़्यादा सिंपल रहता है, उसे एक ऐसी लड़की से प्यार हो जाता एक ऐसी लड़की जो एक दम कूल है, जो लाइफ को हर वक्त जीना चाहती है, जो हर पल को जीना चाहती है, जो पार्टी करती है, अपनी मर्ज़ी की जिंदगी जीती है, किसी को नुकसान नहीं पहुंचाती है, और वो मॉडर्न ख्यालात की है, हर हफ्ते वो सिनेमा हॉल जाती है फ़िल्म देखती है, तो मेरे दोस्त को एक ऐसी ही लड़की से प्यार हो जाता है और उस लड़की को भी हो जाता है उस लड़के की सादगी देख कर, शुरुआत में सब कुछ सही चलता है एक दम बढ़िया, दोनों एक दूसरे के नियमों की उसूलों की इज़्ज़त करते हैं, जो उनके थॉट्स हैं उनकी इज़्ज़त करते हैं, लेकिन फिर धीरे-धीरे लड़के को थोड़ी इनसिक्युरिटी होने लग जाती है अंदर से, कि वो लड़की देर रात तक अगर पार्टी कर रही है, वो किसी के साथ फ़िल्म देखने जा रही है तो उसे अंदर से इन्सेक्युरिटी होती है, कि यार मैं एकदम सिंपल हूँ और यह लड़की एकदम कूल है खूबसूरत है, किसी और ने इसको पसंद कर लिया तो या उसने किसी और को पसंद कर लिया तो मेरा क्या होगा,

कहीं ना कहीं उसे लगता है की इस लड़की के अलावा मुझे तो कोई और लड़की मिलेगी ही नहीं, में तो इसे सच्चे दिल से प्यार करता हूं, मेरा इसके बिना क्या होगा, तो कहीं ना कहीं तुम्हें भी समझना होगा क्योंकि लड़की ऑलरेडी आज भी वैसी ही है जैसे वो पहले थी, तुमने लड़की को किस लिए पसंद किया है किन खूबियों को देखकर तुमने लड़की को पसंद किया है, आज वो ही खूबियाँ तुम्हें कमियां लग रही हैं तो गलत तुम हो यहाँ पर लकड़ी गलत नहीं है, लड़की ने तुम से बिल्कुल भी यह नहीं कहा है कि तुम मॉडर्न बन जाओ, तुम अमीर हो जाओ उस लड़की ने तो तुम्हें भी तुम्हारी सादगी से ही पसंद किया था जैसे तुम हो, तो उसे उस लड़की को समझना चाहिए और अगर उसे धोका देना होगा तो वैसे ही वो दे देगी, रिश्ते में आने के बाद हम बस उस रिश्ते को पकड़ के रखना चाहते हैं, जबकि रिश्ते समझने के लिए होते हैं न की कब्ज़ा करने के लिए, उस लड़के को शायद यह बात मालूम नहीं थी, में नहीं जानता इसका रीज़न क्या था की उसके बाद में धीरे-धीरे दोनों का ब्रेकअप हो गया तो देखा जाए तो अगर आप रिश्ते को समझोगे नहीं और दिमाग से जज़्बाती बने रहोगे, और तुम मेंटली स्ट्रॉन्ग नहीं रहोगे तो तुम समझ ही नहीं पाओगे खुद को न दूसरो को, और जो प्यार में खुद को भुला देता है वो बहुत बर्बाद होता है, और बर्बाद लोगों से सब दूर रहना पसंद करते हैं इस दुनिया में, तो इतनी मतलबी है यह दुनिया, अगर तुम खुद जज़्बाती रहोगे तो तुम्हें इन्सेक्युरिटी होने लग जाएगी और अपने प्यार के दबाव को तुम केयर (Care) का नाम दे दोगे, अगर तुम मुहब्बत के नाम से किसी पर दबाव बना रहे हो, जिस उम्र के अंदर वो लड़की है जो ज़िंदगी में नई चीजें करना चाहती है, वो कुछ ज़िंदगी में नया एक्सपिरियंस करना चाहती है, वो एन्जॉय करना चाहती है, तुम उसको वो करने ही नहीं दे रहे हो, तो फिर क्या करेगा कोई, तुम्हारे पास क्या कोई रहना चाहेगा, आज़ादी हर किसी का हक है, में बस यह कहना चाहता हूँ की जितने दिन भी तुम रिलेशनशिप में रहते हो रहो, एन्जॉय करो मज़े करो हर पल, क्योंकि एंड में जाके तो ज़्यादा तर रिश्ते टूट ही जाते हैं एंड में जाके तो लड़का यह कह देगा के यार वो लड़की बेवफा थी या वो समझती नहीं थी मुझे, वो तो बस पैसों की भूखी थी या लड़की कह देगी कि तुम मुझसे भी ज़्यादा बेटर

डिज़र्व करते हो, तुम्हें वो बहुत प्यार करेगी, वो बहुत खूबसूरत लड़की होगी, वो बहुत समझेगी तुम्हें दिल से, तो शब्दों के मतलब समझो बहुत कुछ बदल जाता है, तो कोई लड़का है तो ये विचार त्याग देना के कोई उसे दिल से प्यार नहीं कर पाएगा, अगर वो दिल निकल के ढूंढेगी ना फिर भी कोई उसे दिल से प्यार करने वाला नहीं मिलेगा के खुश तो नहीं रह पाएगी वो मेरे बिना, सब उसके जिस्म को ही छुएंगे कोई मेरे जितना प्यार नहीं कर सकता उसको, तो यह गलतफहमी है तुम्हारे अंदर और उसे एक अच्छा बॉयफ्रेंड मिल जायेगा, कोई नया लड़का उसकी जिंदगी में आएगा और वो कहेगा के तुम रोती हुई इतनी खूबसूरत लगती हो तो हस्ती हुई कितनी प्यारी लगोगी और वो लड़की मूव ऑन कर लेगी, शादी भी होगी नौ महीने बाद बच्चा भी हो जायेगा, दूसरे साल में दो बच्चे हो जाएंगे, तब तुम्हें याद आएगा की नहीं यार बहुत कुछ बदल गया, तो इस गलतफहमी से निकलो के प्यार करने वाले नहीं मिलेंगे उस लड़की को जिसको जो मिलना होता है वो उसको मिल के ही रहता है, तो समझो इस बात को जितने दिन तुम किसी के साथ रहते हो, तो अच्छे से एन्जॉय करो, ऐश करो, मस्त रहो लाइफ के अंदर ख्याल रखो अपना और उसका जो तुमसे बहुत प्यार करती है और अपनी फैमली का क्योंकि इंसान को ना अक्सर कीमत खो देने के बाद ही पता चलती है।

इज़्ज़त करो उसकी जो भी आज तुम्हारे साथ है क्योंकि प्यार की भी एक कीमत होती है और उसको तब नहीं चुकाना होता है जब वो इंसान आपके साथ होता है नहीं बिकुल नहीं, उस कीमत को तो तब चुकाना होता है जब वो इंसान आपकी ज़िंदगी से हमेशा के लिए चला जाता है, जब आपके चेहरे पर झुर्रियां आने लगती हैं, उमर बड़ने लगती है, और उस कीमत को इस दुनिया में तन्हाई के नाम से जाना जाता है, और वो तन्हाई की वजह से इंसान उदास होने लगता है और फिर उदासी एक मायूसी का रुख करती है और मायूसी इंसान को कोसती है और फिर इंसान अपनी किस्मत को और किस्मत उस इंसान को बार बार।

# 3

# ब्रेकअप के बाद का डिप्रेशन

## 3. ब्रेकअप के बाद का डिप्रेशन

लगाव हर एक से रख लेना लेकिन उम्मीद किसी से भी नहीं रखना, उम्मीद उससे भी नहीं रखना जिससे तुम्हें उम्मीद है, नहीं तो आपकी उम्मीद टूट सकती है, उम्मीद एक बहुत खतरनाक शब्द है, जो तुम्हें बदले में अफसोस और तकलीफ दे सकता है, पर्सनल एक्सपीरियंस है तो में बता रहा हूं, मानना है तो आप मान लेना वरना मत मानना, तो यह टॉपिक है डिप्रेशन पर है, तो यह चैप्टर काफी बड़ा होने वाला है तो में तुमसे एक दोस्त बनके बात करना चाहता हूं I Hope आपको समझ में आ जाएगा।

डिप्रेशन पर तुम्हें बहुत से वीडियो, चैप्टर मिल जाएंगे जो सही भी हो सकते हैं, और गलत भी हो सकते हैं, में बता नहीं सकता, क्योंकि मैंने देखे नहीं हैं और बहुत से लोग ज़िक्र भी करते हैं जैसे किसी का अगर में इंटरव्यू देखता हूं, तो उसके अंदर यह कहा जाता है के डिप्रेशन से बाहर निकलने के लिए आपको घर से बाहर निकालना होगा, आपको दोस्तों से बातें करनी होगी, आपको अपनी फैमली से बातें करनी होगी, आपको खुद को यह यकीन दिलाना पड़ेगा कि दुनिया आपको अपनाने के लिए तैयार है, बात तो करके देखो दुनिया से तो इस तरह की बातें सुनने को

मिलती हैं जो काफी हद तक ठीक भी हो सकती हैं लेकिन हम घर से बहार निकल कर करेंगे भी क्या

डिप्रेशन का मतलब ही अकेला हो जाना होता है, इंसान अपने अंदर ही खो जाता है, उसके पास एक अलग खुद की दुनिया बन जाती है, जिसके अंदर बहुत सारे अनगिनत बहुत सारे सवाल होते हैं उसके खुद के, इंसान अपनी एक सवालों की ख्यालों की दुनिया बनाने लगता है, सिंपल सी बात है बादल को गरजने से और इंसान को डिप्रेशन में तड़पने से कौन रोक सकता है, जब इंसान खुद से ही नाराज़ है तो वो पूरी दुनिया से नाराज़ हो जाता है और इसमें कोई गलत बात नहीं है उसे पूरी दुनिया मतलबी नज़र आने लगती है, क्योंकि उसने जिस इंसान से प्यार किया था और दिलो जान से प्यार किया था के एक शक्स है इस दुनिया में सिर्फ एक इंसान है इस दुनिया में उसके लिए जिसे हर तरीके से प्यार किया और वो छोड़ के चला गया, कहीं ना कहीं ज़ेहन के अंदर यह बैठ जाता है के इस दुनिया में कोई किसी का नहीं है, बड़ी मतलबी दुनिया है यार तो ऐसा फील होने लगता है और यह गलत नहीं है उस वक्त भी गलत नहीं है जब आप नॉर्मल लाइफ जी रहे हो,

अब बात करते हैं फैमली की के फैमली से मिलना चाहिए या नहीं मिलना चाहिए, उनसे बातें करनी चाहिए या नहीं करना चाहिए के हम डिप्रेशन में हैं हम यह प्रॉब्लम झेल रहे हैं, तो इंडिया में कुछ लोगो की फैमली को पता भी नहीं होता है के डिप्रेशन नाम की कोई चीज़ भी है और जिस फैमिली को पता होता है वो समझ न ही नहीं चाहती, बस सब ज्ञानी बनके अपने सॉल्यूशन देने में लग जाते हैं, अगर आपकी फाइनेंशियल कंडीशन अच्छी खासी है तो आप डॉक्टर से मिल सकते हो जैसे साइकियाट्रिस्ट (Psychiatrist) लेकिन में कभी उनके पास गया नहीं न में उनसे कभी मिला, साइकियाट्रिस्ट तुमसे बात कर लेंगे डॉक्टर तुम्हें दवा दे देंगे, साइकियाट्रिस्ट तुमसे दोस्त की तरह बातें करेगा मानलो वो तुम्हारे पास बैठ जायगा और तुमसे कहेगा बताओ मुझे, तुम्हारे दिमाग में क्या चल रहा है, मुझे अपना सबसे अच्छा दोस्त समझो और वो सब बताओ जो एक दोस्त को बता सकते हो, प्रॉब्लम यह है के अगर तुम्हारा कोई दोस्त होता भी तो तुम्हें समझ में नहीं आएगा

के तुम बताओगे भी क्या।

क्या बताओगे के तुम एक लड़की से प्यार करते थे या करते हो तुम्हारा ब्रेकअप हो गया, इस वजह से तुम डिप्रेशन में हो

डिप्रेशन कोई पीठ का दर्द नहीं है, कोई सर का दर्द नहीं है, कोई हैंग ओवर टाइप सा नहीं है, शरीर की कोई चोट नहीं है, जो दवा से भर जाएगा डिप्रेशन का मतलब है तुमने एक दुनिया बना ली है और उस दुनिया के अंदर तुम रहते हो, तुम्हारे अन गिनत सवाल रहते हैं, कुछ ऐसे सवाल, जिसके जवाब शायद किसी के पास नहीं हैं और तुम्हारे खुद के पास भी नहीं होंगे, मेरे ख्याल से लोग बहुत कम डिप्रेशन के लिए डॉक्टर के पास जाते होंगे, लोगों ने या गाने सुने होंगे या यूट्यूब पर वीडियो देखे होंगे, मैंने भी अपने टाइम पर गाने सुने थे अच्छे लगते थे शायद उस वक़्त गाने, तो फिर ऐसे हालात के अंदर क्या किया जाए और रही बात डॉक्टर के पास जाकर सब कुछ बताने की वो सब बातें जो तुम अपने एक दोस्त को बता सकते हो तो डॉक्टर के पास जाने की तुम्हें ज़रूरत तब पड़ेगी जब तुम्हारे पास कोई अपना दोस्त नहीं है, ज़ाहिर सी बात है तुम्हारे पास कोई इतना खास है ही नहीं जिसको तुम अपने दिल की बात बता सकते हो, और वो सब बता सकते हो जो तुम्हारे ज़हन में चल रहा है और अगर कोई फ्रेंड होता तो तुम्हें डॉक्टर के पास जाने की ज़रुरत ही नहीं पड़ती, और आज की डेट का एक कड़वा सच बताऊं तो आज की डेट में टाइम किसी के पास नहीं है सब बिज़ी हैं, सब अपनी प्रॉब्लम में बिज़ी हैं और जिस की ज़िन्दगी में कोई प्रॉब्लम नहीं है तो वो प्रॉब्लम क्रिएट (Create) करने में बिज़ी है, उसे यह प्रॉब्लम है के उसकी लाइफ में कोई प्रॉब्लम क्यों नहीं है, अगर आज की डेट में तुम्हें कोई खुश नज़र आ रहा है तो समझ लेना वो अपनी प्रॉब्लम्स को छुपाने में तुमसे कई ज़्यादा एक्सपर्ट है, अगर तुम दोस्तों से बात भी करना चाहोगे तो 2 दिन कर लोगे 4 दिन कर लोगे 5 दिन कर लोगे क्योंकि तुम्हारे पास बात करने के अलावा क्या होगा तुम्हारे पास बात करने के लिए आज की बातें नहीं होंगी, गुज़रे हुए वक़्त की बातें होंगी, वो पलो की बातें होंगी, वो ख्यालो की बातें होंगी के में प्यार करता था उससे फिर भी वो छोड़ के चली गयी, तुम्हारे पास फ्यूचर से रिलेटेड कुछ भी नहीं है, और दुनिया के अन्दर

इतना महान इंसान कोई तुम्हारा दोस्त नहीं हो सकता जो रोज़ तुम्हारे पास आए तुम्हारी बातें सुने और वो बातें फ़िज़ूल की बातें, आज की बातें नहीं तुम दोनों की बातें नहीं, वो बातें के एक इंसान आया था तुम्हारी ज़िन्दगी में जो तुम्हें छोड़ के चला गया, तुम उसकी बातों को आज ले बैठे हो और तुम अगर रोज़ वो बात करोगे तो कौन तुमसे बात करना चाहेगा, बहुत जगह यह सुनने को मिलता है के भाई लड़की छोड़ के चली गयी या लड़का छोड़ के चला गया क्या उनके पास दोस्त नहीं हैं दोस्त तो हैं उनके पास लेकिन वो होता है ना के कुछ तो डर होता है के कोई मुझ पर हसेगा तो नहीं, क्योंकि आज की डेट में क्या होता है प्रॉब्लम लोग सुन तो लेते हैं, जब हमें पता चलता है के हमारे पीछे से हमारा बहुत मज़ाक उड़ाया जा रहा है या फिर हम पर हँसा जा रहा है तो हमारी हिम्मत नहीं होती लोगो से बात करने की, और आज की डेट में तुम अपने किसी भी फ्रेंड को कॉल करके यह कहते हो के आज मिलते हैं तो वो यही कहेगा के क्या काम है, सबसे पहले वो रीज़न पूछेगा और यह कोई गलत नहीं है, इससे यह बिलकुल भी ज़ाहिर नहीं हो जाता है के सामने वाला इंसान मतलबी है, आज की डेट में टाइम किसी पास भी नहीं है, अब वो तुम्हारी प्रॉब्लम है के तुम डिप्रेशन में हो, वो तुम्हारी प्रॉब्लम है के तुम्हें जिस लड़की से प्यार हुआ था वो तुम्हें छोड़ कर चली गयी, वो दुनिया की तो प्रॉब्लम नहीं है, आज में खुद को बोल देता हूँ के मेरा बहुत अच्छा वाला प्यार में एक लड़की ने काटा है, में बहुत आसानी से यह बात खुद को बोल देता हूं, लेकिन उस वक़्त जब मैंने दोस्तों से बातें की उस वक़्त काफी सपोर्ट किया दोस्तों ने, अगर उस वक़्त कोई यह कह देता अबे तेरा काट के चली गयी, अबे तुझे दो टके का इंसान समझती थी, उसको फर्क नहीं पढ़ता, तो शायद यह बातें मेरे दिल पर बहुत चुभती, क्योंकि हमने तो प्यार किया था ना ज़ाहिर सी बात है हमने तो सच्चा वाला प्यार किया था, जैसा भी किया था, अब सामने वाला इंसान हमें धोखा देकर चला गया, वो मूवऑन कर गया हम नहीं कर पाये तो इसमें हमारी क्या गलती, क्या गलती है मेरी और क्या गलती है तुम्हारी जब आपकी उम्र होती है, जब 18-19 साल में प्यार हो जाता है, तब उस वक़्त पता नहीं होता कुछ, जब कोई छोड़ के चला जाता है रिलेशनशिप खत्म हो जाता है,

तो हमें ऐसा लगता है ज़िन्दगी खत्म हो गयी, उस वक़्त पता नहीं होता है दिल भी टूट ता है उसका दर्द एक अलग होता है, उसकी एक फीलिंग अलग होती, हमें कहां पता होती हैं यह चीज़े, मुझे क्या पता था के मुझे करियर पर फोकस करना चाहिए, मुझे काम पर फोकस करना चाहिए अपने, लड़की या लड़का छोड़ के चला गया ज़िन्दगी बहुत बड़ी है आगे का सोचना चाहिए, नहीं आती न बातें समझ में, लेकिन आज बहुत सारी बातें समझ में आती हैं, तो उस वक़्त मेरी अपनी दुनिया, मेरा अपना दिमाग, मेरे अपने सवाल, मेरा अपने जवाब, तो डिप्रेशन से निकला कैसे जाये बस यही एक प्रॉब्लम है तो सीधी सी बात है अपने तरीके से बता रहा हूँ अपने एक्सपीरियंस से बता रहा हूँ के डिप्रेशन से 1 दिन में 2 दिन में 5 दिन में कोई नहीं निकल सकता, कोई भी इंसान नहीं निकल सकता या 10 मिनट का वीडियो 20 मिनट का वीडियो 30 मिनट का वीडियो आपको डिप्रेशन से नहीं निकाल देगा यह सब झूठी बातें हैं, ऐसा कुछ भी नहीं होगा, एक में छोटा सा Example देकर समझाता हूँ समझ लेना की 19-20 साल का एक लड़का है जो दिन भर घूमता है जो दिन भर मस्ती मज़ाक करता है, दोस्तों के साथ घूमता है, घर वालो की बातें नहीं सुनता, घर पर भी नहीं टिकता, तो उसके घर वालो को यह टेंशन है के वो लड़का पढ़ता लिखता नहीं है, उसके घर वालों को बस यही शिकायतें रहती हैं लेट नाईट घर पर आता है, अचानक दो ढाई साल में वो लड़का एक दम चुप हो जाता है एक दम चुप, दोस्तों से नहीं मिलता, फ़ोन पर किसी से बात नहीं करता, कमरे के अंदर पड़ा रहता है, कहीं नहीं जाता है, घर के अंदर पड़ा रहता है, और उस वक़्त आपकी फैमिली ऐसी है के आपकी फैमिली को पता नहीं है डिप्रेशन नाम की कोई चीज़ भी होती है या नहीं, आपके बेटे का दिल टूटा है, उस से बातें करनी चाहिए या उस से पूछना चाहिए के उसके दिलो दिमाग में आखिर चल क्या रहा है, वो जॉब नहीं कर रहा उसने स्कूल जस्ट कम्पलीट कर लिया और उसका कोई मकसद नहीं ज़िंदगी का क्यों कुछ नहीं करना चाहता यह, तो घर वालों को यह लगता है इसके अंदर ज़रूर कोई प्रेत आत्मा घुस गई है भूत का इलाज करवाना पड़ेगा, या इस पर किसी ने जादू टोना कर दिया है, तो उस लड़के के घर वाले अपने तरीके से इलाज करवा रहे हैं, अपने तरीके से तो वो

कर ही रहे हैं, क्योंकि उनके बेटे को अचनाक कुछ हो गया, एक हस्ता खेलता इंसान जो हर वक़्त हस्ता रहता था वो चुप हो गया है, मायूस हो गया है, फिर धीरे-धीरे वो लड़का घर से निकलना शुरू करता है, तो फिर उसको शराब की आदत पड़ जाती है फिर उसको बहुत ज़्यादा शराब की आदत पड़ जाती है, फिर एक दिन ऐसा होता है अचनाक से उस लड़के के दिमाग में अचानक एक सवाल आता है, क्या मैं यह सब करने के लिए पैदा हुआ हूं, क्या मेरी जिंदगी का मकसद सुबह उठकर पूरा दिन शराब पीना है, क्या कोई और काम नहीं मुझे, यार अब मेरा यह डिप्रेशन मुझे डिप्रेशन नहीं आलस ज़्यादा लग रहा है, मुझे ऐसा लग रहा के में अब बोर हो रहा हूं मेरे डिप्रेशन से भी और ऐसी जिंदगी से भी, क्या रोज़ सुबह उठके वोही यादें, वोही दुख-दर्द, वोही रोना-धोना में तंग आ चुका हूं, बस अब नहीं होता यार यह क्या चल रहा है मेरी जिंदगी में एक लड़की ही तो छोड़ गई है अब कितना याद करूं मैंने 1 साल 2 साल याद कर लिया, जितने भी साल याद करना था कर लिया एक अरसा हो गया, बस अब नहीं होता में बोर हो गया हूं, तो वो इंसान बोर हो गया क्योंकि उसको न अपनी जिंदगी जीने का क्यों मिल गया, उसको जैसे एक मकसद मिल गया तो वो लड़का सोचता है क्यों न कुछ काम करना चाहिए मुझे।

तो उस लड़के ने सालो तक काम किया फिर अचानक लगा के दोस्तो से भी बातें करनी चाहिए, बहुत साल गुज़र गए अब तो कुछ अच्छा होना चाहिए ज़िंदगी में फिर उस लड़के ने अपने दोस्तों को कॉल किया के भाई ऐसी बात है, जो दोस्त थे उनका बस यही रिएक्शन था यार भाई सालो गुज़र चुके हैं इस बात को यार अब 4 साल हो चुके हैं, तू अब भी वहां अटका हुआ है, तू अब भी वहीं उलझा हुआ है, तो उसके दोस्त थे वो सोचते थे के वो लड़का बहुत अच्छा काम कर रहा है, लेकिन उसे लगता था के वो अब भी डिप्रेशन से गुज़र रहा है, तो सीधी सी बात है आज के टाइम डिप्रेशन हर इंसान का होता है कहीं न कहीं थोड़ा बहुत, एक होता है आलस पन का डिप्रेशन के अब कुछ भी नहीं करना बस मुझे तो लड़का या लड़की छोड़ के गई है, तो मुझे अब कुछ करना ही नहीं है में क्यों करूं कुछ भला, मुझे तो लड़की छोड़ के गई है मेरा तो दिल टूटा

है, में क्यों करूं कुछ, लेकिन एक सवाल तो खुद से पूछो की लड़की तो छोड़ के गई है तो टाइम लगता है और टाइम लगेगा लेकिन हो जाएगा सब ठीक धीरे-धीरे ऐसा नहीं है के तुम किसी के 5 मिनट के वीडियो से या 10 मिनट के विडियो से या एक दिन में या 2 दिन में डिप्रेशन से निकला जाएगा, अगर तुम्हें लगता के तुम किसी लड़की या लड़के से प्यार करते थे और बेइंतहा प्यार करते थे और वो तुम्हें छोड़ के चली गई और तुम्हारा डिप्रेशन चल रहा है तो मेरे दोस्त तुम डिप्रेशन में वोह काम भी करो जिसके लिए तुम बने हो, अगर तुम अमीर बनने के लिए पैदा हुए हो तो अमीर बनो, अगर तुम रोने के लिए पैदा हुए हो तो रोते रहो, अगर तुम सोने के लिए पैदा हुए हो तो सोते रहो, अगर तुम्हें लगता है के अब जो मेरे दिल में आएगा में अब वोही करूंगा तो वोही काम करो, क्योंकि डेस्प्रेशन की कोई कैप्सूल नहीं है, न कोई टैबलेट, अगर तुम्हें बुखार आ जाता है, तुम्हारा BP ज़्यादा हो जाता है, तो उसकी मेडिसिन तुम्हें कोई डॉक्टर ही दे सकता है, तो फोकस करो काम पर और अपने ऊपर क्योंकि डिप्रेशन भी बहुत तरीके का होता है, एक होता है ना के हम जो काम करते हैं बहुत ज़्यादा फिर भी नहीं हो पाता, वो बातें अभी में आपको नहीं बताऊंगा क्योंकि यह टॉपिक बहुत बड़ा हो जाएगा क्योंकी यह किताब लिखना कोई मेरा प्रोफेशन नहीं था मेने सोचा भी नहीं था के में यह किताब लिखूंगा, क्योंकि तैयारी मैंने किसी और चीज़ की की थी अब मेरी किस्मत खराब कहलो या मेरा अटीड्यूट कहलो या मेरा बिहेवियर (Behaviour) क्योंकि यार में किसी की गुलामी नहीं कर सकता, इसी वजह से मुझे बहुत जगह से निकला गया, तो हमदर्दी में बेशक में सबसे करूं, लेकिन मेरी नफरत का न हकदार कोई, तो कोई नहीं है मेरी नफरत का हकदार, मैंने किसी को इस लायक समझा ही नहीं के में किसी से नफरत करूं, अगर इस दुनिया में तुम कुछ नहीं करोगे अपनी जिंदगी के अंदर तो इस वजह से तुमसे कोई हमदर्दी नहीं रखेगा, देखो तुम्हें कोई भी लड़की छोड़ के चली गई है न तो 10 साल 20 साल बाद जब तुम अपनी ज़िंदगी में फैल हो जाओगे और तुम कोई काम नहीं करोगे या किसी दिन मर जाओगे, तो उस लड़की के बच्चों को कोई भी यह ताना नहीं मरेगा के तेरी मम्मी ने एक लड़के को धोका दिया था और वो डिप्रेशन में आके

मर गया, उसने अपनी जिंदगी में कुछ नहीं किया, तो कोई भी ऐसा नहीं कहेगा, अगर तुम्हारे ना करने की हज़ार वजह हो सकती हैं, लेकिन करने की एक वजह तो हो सकती है, डिप्रेशन है चलने दो कोनसा इंसान दुखी नहीं है, आज के टाइम सब दुखी हैं, जिस काम में तुम्हारा दिल लगता हो जिस काम में तुम 100% दे सकते हो के मुझे बस यही करना इसमें ही मुझे मज़ा आता है, यह काम खेल है मेरे लिए, तो उसको करो, जब तुम अकेले रहोगे, खुद से बात करोगे तो पता लगेगा के दिन में 24 घंटे भी होते हैं और 24 घंटों के अंदर हम कितना सारा कुछ कर सकते हैं, कितनी सारी एक्टिविटी हम कर सकते हैं, कितना कुछ है हमारे पास, बस तुम एक बार अपने ज़ेहन से यह बातें निकल कर देखो डिप्रेशन में रहना चाहते हो तो रहो लेकिन आलसपन में नहीं रहो के में तो यह काम कर ही नहीं सकता डिप्रेशन के अंदर तो बस मैंने दोस्त के नाते एक बात कही है अगर आपको कोई बात पसंद आई हो या जो बात आपको अच्छी लगी हो तो लाइफ के अंदर इसे अपना लेना और कोशिश करना कुछ ना कुछ लाइफ के अंदर करने का आपकी ज़िन्दगी का मकसद यह बिलकुल नहीं बनना चाहिए के तुम एक कमरे के अंदर डिप्रेशन में अपनी ज़िन्दगी को गुज़ार दो आपको यह बातें कहाँ तक समझ आयीं हों में नहीं जानता मैंने पहले भी कहा था के एक दोस्त की तरह बात करुंगा और में यह कहना चाहुंगा अगर तुम किसी को आज की डेट में खुश देख रहे हो, तो वो इंसान तुमसे बहुत ज़्यादा एक्सपर्ट है अपनी प्रोब्लम को छुपाने में और जिसके पास जीने का कोई मकसद होता है जिंदगी में तो वो इंसान बड़े से बड़े डेस्प्रेशन से जीत सकता है और वो हर तरह की प्रोब्लम से बाहर निकल सकता है।

# 4

# औरत को कैसे समझे

आप सोच रहे होंगे के मैंने यह कागज़ को खाली क्यों छोड़ दिया, क्या में पागल हो गया हूं, तो में यह सोचता हूं कि औरत को कोई नहीं समझ सकता, इस दुनियां में अगर कोई बोलता है के में समझ सकता हूं औरत को तो वो इंसान इस दुनियां का सबसे झूठा इंसान है, तो था कुछ जो मैंने बहुत पहले औरत पर कुछ लिखा था।

यह लोगों को क्या हो चला है,

समझ ने के लिए जो था उसको हमेशा रखा जाता है,

और रखने ने के लिए जो था उसको बस समझा जाता है,

कुछ ऐसे ही तो रिश्ता इस दुनिया में निभाया जाता है,

फिर यही लोग कहते हैं कि हमारा ही धर्म क्यों संकट में आता है,

यह सोसाइटी औरत को गालियों से ज़लील करती आयी है, एक फेमिनिस्ट भला क्या ही कर पाई है,

सच कहूं तो यह माँ बहन की गालियां निकालने वाला भी तो उसी का भाई है,

औरत की गालियों में भी एक दूसरी औरत का ज़िक्र है,

कुछ महापुरुषों को बस अपने घर की औरत कि फिक्र है,

इस लिए होता रोज़ बलात्कार है,

कुछ ऐसी हमारी सरकार है,

यह कैसा एक औरत का मन है के एक औरत

दूसरी औरत की दुश्मन है,

पंडित हो या मौलाना सब को है उसी में से है आना,

इंसान का तो काम ही था जिस जगह से आना,

उसी के नाम की गलियां निकालना,

अब अंधों को कैसे दिखाऊं में आयना,

मर्द क्या जाने उस औरत के दर्द का मायना,

आज उसकी गालियों में बदनाम होती रोज़ Vagina,

जिस चीज़ को लेकर हो रहा फन है,

जैसे किडनी और दिल वैसे Vagina भी तो एक ऑर्गन है,

यह समाज अंधा है या बेहरा है,

क्यों तेज़ाब से खराब एक लड़की का चेहरा है,

यह सूरत नहीं थी उसके आज की,

असलियत में यह सूरत थी हमारे अपने समाज की,

सरकार के पास होती है असलियत एक शहर की ऐसा दुनिया है मानती,

जिसको यह शहर वेश्या के नाम से है पुकारता,

सच कहूं तो उसी के पास उस शहर की हक़ीक़त का राज़ था,

अमीरों की भी क्या बात थी

वो उनकी कुछ ऐसी रात थी, वो ढूंड ते रहे

अपनी वाइफ को तवाइफ़ में और तवाइफ़ को अपनी वाइफ में।

# 5

# बुरा इंसान

तुम एक इंसान को समंदर के बीच में और एक कश्ती में बैठे हुए देखते हो और यह सोचते हो की वो इंसान जिंदगी में कैसे भी मरेगा लेकिन प्यासा कभी नहीं मरेगा, क्योंकि वो पानी के बीच में है और तुम यकीन मानो वो इंसान अगर मरेगा तो या तो प्यासा मरेगा या फिर पानी में डूब के मरेगा, क्योंकि समुन्दर का पानी खारा होता है, तुम पी नहीं सकते तो कभी-कभी जिंदगी में बहुत ज़्यादा मोहब्बत होती है ना तो इसका यह मतलब नहीं है किसी को मोहब्बत की कमी ना हो, आज मैं मेरे फेवरेट टॉपिक के बारे में बात करने वाला हूँ बैड बैड बॉय लाइफ जो होती है मुझे नहीं पता की तुम लोग बैड बॉय्ज़ के बारे में क्या सोचते हो या तुम्हारी थिंकिंग क्या है उनको लेके लेकिन मेरी नजर में एक एक कमाल की थिंकिंग है बहुत एक कशिश होती है उनके अंदर की लड़का हो या लड़की उनकी तरफ खींचा चला जाता है, मैं अपनी लाइफ में दो तीन कैरेक्टर ऐसे हैं जिन्हें में बैड बॉय का टैग देना चाहूंगा जिनसे मैं मिला हूँ, जिनमें वाकई में बहुत कमाल की खासियत होती है की यार कुछ तो होता है उनके बारे में और बहुत कुछ होता है और कुछ जानने का मकसद होता है, आज में जिस कहानी को सुनाने वाला हूँ

इस कहानी के अंदर बहुत सारे लोग हैं जो अपने आप को देखेंगे तुम भी उन्हीं में से एक हो, मैं भी उन्हीं में से एक हूँ बहुत सारे कैरेक्टर्स होते हैं हमारे, लेकिन हम अपने आप को बेहतर कैसे बना सकते हैं तो

इंसान की हकीकत वो नहीं होती है जो लोग देखते हैं जो इंसान लोगों को दिखाता है, इंसान की हकीकत वो होती है जो लोगों से वो छुपा लेता है, दिलों पर राज करने वाला अक्सर मोहब्बत के लिए तरसता है और यह हकीकत है, ऐसा नहीं है कि हमारे आसपास लोगों की भीड़ बहुत ज़्यादा है, दोस्तों की भीड़ है, अपने लोगों की भीड़ है, मतलब यह नहीं है के हम अकेले नहीं है, अक्सर इंसान भीड़ के अंदर अकेला होता है और जहाँ पर अकेला होता है वहाँ पर वो फील कर रहा होता है कि हाँ सब मेरे साथ हैं, मुझे नहीं पता तुम्हारी नज़र में बैड बॉय की इमेज क्या है? तुम्हें लगता है एक बदतमीज़ आवारा गाली बकने वाला, सिगरेट पीने वाला शराब पीने वाला, तो नहीं मेरी नज़र में बैड बॉय वो है, जो एक अकेलेपन में जो उसकी खुद्दारी है, उसे अपने अकेलेपन से प्यार है, उसे प्यार में भीख नहीं चाहिए, उसे किसी की हमदर्दी नहीं चाहिए, ऐसे अकेलेपन वाला जो एक कैरेक्टर रहता है वो बहुत लोगो को अपनी तरफ खींचता है और उस कैरेक्टर के लिए एक अलग ही इज़्ज़त रहती है, तो कभी किसी के सामने मत झुको और कमाल की बात पता है क्या है, आपको इस दुनिया के अंदर सिर्फ एक तरीका अगर आता है तो सच आपको इस दुनिया में कोई भी इंसान अपने आगे नहीं झुका सकता और तुम यह कहते हो के में इस दुनियां के सामने झुकूंगा नहीं, अगर तुम्हें पता नहीं हो तो इस बात से शायद आप रिलेट कर भी पाओगे या नहीं कर पाओ आप, अगर तुम्हें अकेले रहना आता है, अगर तुम्हें लोगों के बिना रहना आता है, तो हम किसी के सामने नहीं झुकेंगे, तुम्हें पता है जब तुम अकेले रह सकते हो, किसी के बिना भी तो फर्क नहीं पड़ता कौन तुम्हारे बारे में क्या सोचता है, कौन तुम्हारे पास आता है, कौन तुम्हारे पास से चला जाता है, अगर मैं अपने आप को अकेलेपन वाले इंसान की जगह रख के देखूं तो मैं सोचूंगा की कोई दुनिया में नहीं है जो मुझे लगता है, जिसके सामने मुझे झुकना चाहिए और अगर मैं लोगों के पास अपने आप को रख के देखूँ और उस नज़रिए से जिस नज़रिए से लोग उस अकेले इंसान को उस बैड बॉय को देखते हैं तो मैं यह सोचूंगा की यह बहुत बदतमीज़ है यह बहुत आवारा किस्म का लड़का है, इसे रिश्तों की परवाह नहीं है, इसलिए अकेला है, हमारे पास बहुत ज़्यादा भीड़ है हमें उस भीड़ की खुशी नहीं है

हमें तकलीफ इस बात की है कि वो सामने वाला इंसान अकेला है और हमें इस बात से जलन है, हमें इस बात से तकलीफ होती है के वो बैड बॉय अकेला है, और वो इसलिए अकेला है क्योंकि वो हमारी तरह नहीं है, लेकिन हमारे पास तो सब लोग हैं ना हमारे पास तो लोग हैं सब कुछ है तो फिर हमें उससे जलन क्यों होती यह में कोई तारीफ नहीं कर रहा हूँ , लेकिन काफी सारे मेरे दोस्त है अगर लिस्ट बनाने बैठो, लंबी चौड़ी है शादी हो चुकी है, उनकी वाइफ हैं बच्चे हैं, लेकिन पता नहीं, मतलब ऐसा नहीं है की अभी मिलने को चाहते हैं वो मुझसे, लेकिन मेरे दोस्त बोलते थे के भाई फ्री है तो आजा यार मिलते हैं, बैठते हैं कहीं, मुझे कभी समझ में नहीं आया कि उन लोगों के पास सब कुछ है, जॉब है, बीवी है, बच्चे हैं, यह मेरे पास बैठ के टाइम क्यों खराब करते हैं और जब एक वक्त पर जाके जब मुझे वाकई में यह एहसास हुआ कि मुझे लोगों की ज़रूरत है, मुझे दोस्तों की ज़रूरत है, क्योंकि कुछ बातें होती हैं जो फैमिली के साथ आप शेयर नहीं कर सकते, जैसे आपकी फीमेल बेस्ट फ्रेंड है और एक आपकी गर्लफ्रेंड है, तो कुछ शर्म होती है, कुछ हया होती है, पर्दा होता है, दायरा होता है, जो बातें अब बेस्ट फ्रेंड से शेयर नहीं कर सकते हैं वो गर्लफ्रेंड से कर सकते हो अगर तुम्हारी बेस्ट फ्रेंड है वो कहीं पर जा रही है फैमिली के साथ दोस्तों के साथ तो तुम उसे नहीं रोक सकते लेकिन गर्लफ्रेंड को रोक सकते हो क्योंकि एक हक होता है, एक दायरा होता है, वो कहीं ना कहीं टूट चुका होता है उस लेवल तक और आपका उस पर हक हो जाता है, तो ज़िन्दगी के अंदर ऐसा नहीं है की दोस्त नहीं होने चाहिए, होने चाहिए, दोस्त होने चाहिए, लड़कियां दोस्त होनी चाहिए, तुम्हारी फैमिली होनी चाहिए, बहुत सारे रिश्तेदार होने चाहिए, लेकिन एक आदत होती है अकेलेपन कि तुम्हें अकेलेपन से जीना आना चाहिए, अगर तुम्हें वो आ गया ना तो भाई अकेलेपन के सबसे कमाल की क्वालिटी यह होती है कि तुम खुशियों के लिए, हैप्पीनेस के लिए अपने अंदर की खुशी के लिए किसी भी इंसान पर डिपेंड नहीं होते हो और वो लोग डिपेंड होते हैं जो भीड़ में रहना पसंद करते हैं, उन लोगों को हमेशा डर रहता है की अगर कोई छोड़ के चला गया या वो छोड़ के चली गयी मैं तो बर्बाद हो जाऊंगा, मैं तो दुखी रहूंगा, तो लोग ऐसे डिपेंड

हो दूसरे लोगों पर इसलिए कहीं ना कहीं लोग बोलते हैं की मोहब्बत की थी इसलिए झुक गए शायद माफी मांग लेनी चाहिए, ऐसा मैं नहीं कहता कि माफी नहीं मांगनी चाहिए, मांगो लेकिन मैंने नहीं मांगी आज तक माफी, अगर एक दो लोगों को अगर हटा दूं, अगर मेरी गलती भी रहती है तब भी मैं माफी नहीं मांगता, मैं पता नहीं ऐसा क्यों हूं, यह आदत जो है बहुत गंदी आदत है, लेकिन हाँ है तो है अब क्या कर सकते हैं, लेकिन मुझे प्राउड है अपने आप पर, मैं लोगों के सामने अच्छा बनना ही नहीं चाहता, मैं नहीं बताना चाहता कि मेरे अंदर इतनी सारी क्वालिटी हैं, मेरा यह मानना है कि तुमसे जो लोग जलते हैं, तो उन्हें जलने दो अपने अंदर की अच्छाई कभी मत बताना अगर अच्छाई बता दोगे तो वो लोग दोस्त बन जाएंगे और दोस्त प्यार करते हैं प्रचार नहीं, अगर तुम चाहते हो तुम्हारा फ्री के अंदर ऐडवर्टाइजमेंट होता रहे लोग तुम्हारे बारे में बातें करते रहें तो करने दो सालों को और सच बता रहा हूँ इस तरीके से जिंदगी जीने कि एक अच्छी खासी कीमत चुकानी होती है, फ्री के अंदर कुछ भी नहीं मिलता है, तुम्हारा अकेलापन तुम्हें फ्री में नहीं मिलेगा, उसके लिए तुम्हें कीमत चुकानी होगी और कीमत यह रहेगी के तुम्हारा मेंटली बहुत ज़्यादा स्ट्रॉन्ग होना ज़रूरी रहेगा कि तुम अकेले रहो और बार-बार में अकेले अकेलेपन का ज़िक्र में इसलिए ज़्यादा कर रहा हूँ, क्योंकि सब कि प्रॉब्लम यह है के ब्रेकअप हो जाने के बाद लोग अकेले रहने से डरते हैं की भाई छोड़ के चले गए तो मेरा क्या होगा, मेरे एक दोस्त ने उन्होंने कहा था के बहुत कमाल की एक लड़की थी, मैंने उससे प्यार किया लड़की छोड़ के चली गयी, फिर उसके बाद में डिप्रेशन वगैरह आता है जो वो उसे हो गया, साल डेढ़ साल उसके बाद में शादी हो गयी, उसके बाद में धीरे-धीरे लाइफ सेटल हो गयी, जब दो साल हो गए, उसकी एक बेटी पैदा हो गई, फिर जब वो मिलने आया तो उसने एक बहुत ही कमाल की बात बोली थी, सच बता रहा हूँ जो भी आज इस इस टाइम के अंदर है ना जो भी है, लड़की है उसका दिल टूट चुका है, जो रिलेशनशिप में हैं जिनका खत्म होने वाला है, तो गौर से सुन लेना, यह जो बात है बहुत छोटी सी बात है, लेकिन मायने बहुत रखती है, उसने कहा की यार टाइम ही नहीं मिल पाता, फैमिली को टाइम दे नहीं पाता, बेटी है मेरी उसके साथ में खेल नहीं

पाता ढंग से, जो उस लड़की के लिए मैंने किया था जिससे मैं प्यार करता था, वो 7 बजे बुलाती थी तो मैं 6 बजे मैं चला जाता था, पूरा दिन उसके साथ घूमा करता था, नाइट में फ़ोन पर जब भी वो मैसेज कर दे तो उसका हैंड टू हैंड रिप्लाइ करता था, घंटों तक बातें होती थीं, तो आज वक्त नहीं है मेरे पास, तो उस वक्त एक उम्र हुआ करती थी टीनेजर वो उम्र थी, मेरे पास वक्त था, लेकिन आज साला वक्त नहीं है, आज मेरी खुद की बीवी है जो इतनी लॉयल है, जो मुझसे इतना ज़्यादा प्यार करती है, मेरे पास उसके लिए वक्त नहीं है, मेरे पास अपनी बेटी के लिए वक्त नहीं है, उस लड़की के चक्कर में अगर मैंने खुद को बर्बाद नहीं किया होता उस वक्त इतना स्टेबल हो चुका होता और मैं इतना कमा चुका होता की एक वक्त पर जाके मेरे पास इतना टाइम हो, जो मैं आज अपनी बेटी के साथ शेयर कर सकता था, कुछ दिनों बाद मेरी बेटी स्कूल जाने लग जाएगी, फिर कॉलेज जाएगी, देखते-देखते ज़िंदगी गुजर जाएगी, लेकिन मैं शायद उन पलों को याद न कर पाऊंगा जब मेरी बेटी 6 महीने की थी या जब उसका बर्थडे था, वो सुबह से शाम तक क्या कर रही थी, क्योंकि मैं तो कमाने में बीज़ी था, तो वक्त का चेहरा नहीं होता लेकिन यह वक्त आने पर अच्छों-अच्छों के चेहरे दिखा देता है, तो वक्त को कभी बर्बाद मत करना, लोगों को खुश करने के लिए तुम अपने आप को दुखी कभी मत करना के मैं लोगों को खुश रखूँगा, मैं किसी इंसान को दुखी नहीं रखूँगा, मेरी वजह से कोई दुखी नहीं होगा, मेरी वजह से किसी की आँखों में आंसू नहीं आएँगे, भाई जिसकी आँखों में आंसू आने रहते हैं आ जाते हैं और किसी-किसी को अपनी ही बात पर रोना आ जाता है, बहुत बड़े शायर ने कहा था जो खुद की इज़्ज़त नहीं करता, जो खुद की इज़्ज़त नहीं समझता वो दूसरों की कभी रिस्पेक्ट नहीं कर पायेगा, वो समझ ही नहीं पायेगा की इज़्ज़त क्या होती है, आज की डेट में सच कहने वाला बदतमीज़ होता है, आवारा होता है, ऐरोगेंट होता है, एकदम घटिया इंसान होता है, क्योंकि वो सच कहता है उसे पता ही नहीं होता, वो जो सच बोल रहा है उससे सामने वाले का कितना कुछ जल गया है उसकी आत्मा जल गई है, लेकिन झूठ कहने वाला डाउन टु अर्थ होता है, क्योंकि उस साले को पता होता है के कौन सी बात कहूंगा तो सामने वाले को अच्छा फील होगा, कौन सी बात कहूंगा

तो सामने वाले को अच्छा फील नहीं होगा, अगर कोई झूठ कहने वाला इंसान है जो बहुत ज़्यादा झूठ बोलता है, अगर वो तुम्हारा दोस्त है, तो वो साला किसी सांप से कम नहीं है और उस में जहर इतना भरा होता है के उसकी कोई हद नहीं है, तो दोस्त ऐसे रखो जो सच बोलते हैं, क्योंकि सच कड़वा होता है, नीम के पत्ते कड़वे ही सही लेकिन खून तो साफ करते हैं, मेरे काफी सारे रिश्ते इस वजह से भी टूट गए हैं, क्योंकि मैं सच कहता था काफी सारे लोग हैं जो मुझसे नफरत करते हैं मैं नहीं जानता, मैं उनका नाम भी नहीं जानता ढंग से, मैं उनसे मिला भी नहीं हूँ न मैं उनकी शादी में गया, मेरी कुछ कहानियाँ होती थीं, जिसकी वजह से पता नहीं उन्हें अपनी पुरानी महबूबा, अपना पुराना आशिक याद आ जाता था, अब अगर मेरी कुछ लाइनें सुनके तुम्हारी 6 साल पुरानी महबूबा, आशिक तुम्हें याद आ रहा है और अभी तुम किसी और के साथ हो तो इसमें मेरी क्या गलती है, अब ऐसा नहीं के मैंने रिश्ते बचाने की कोशीश न कि हो, इंसान ही हूँ कभी-कभी कुछ रिश्ते इतने करीब थे, रिश्ते तो क्या वो लोग बहुत ज़्यादा करीब थे जिनसे रिश्ते बन गए थे, मैंने तो झूठ भी बोला है एक दो बार, लेकिन फिर लगा की यार मेरे झूठ बोलने से उस इंसान को सुकून मिल रहा है, लेकिन वो इंसान यह नहीं सोच रहा है के मेरे झूठ बोल ने के बाद मेरे दिल पर क्या बीत रही है, जब वो सामने वाला इंसान मुझे नहीं समझ रहा है, उसे मेरे दुख की परवाह नहीं है, उसे मेरी सेल्फ रिस्पेक्ट फिक्र नहीं है, उससे मेरा जो कैरेक्टर है वो पसंद नहीं है, तो भाड़ में जाए ना फिर, मैं क्या चापलूसी करने के लिए फायदा हुआ हूँ क्या मैं इसलिए पैदा हुआ हूँ ताकि तुझे खुश रख सकूँ नहीं मेरे लिए कोई भी रिश्ता इतना मायने नहीं रखता की मुझे उस रिश्ते को चापलूसी करके निभाना पड़े के प्लीज़ के बैठे रहो मेरी पलकों पर और बैठ जाओ मेरे सर पर और मेरे सर पर उछलो और तांडव करो, अगर तुम किसी का प्यार पाने की कोशीश कर रहे हो तो करो यार बिलकुल कोशीश करनी चाहिए अगर तुम किसी को इंप्रेस करना चाहते हो, कोई लड़की तुम्हें खूबसूरत लग रही है तुम्हें लगता है पटाना चाहिए, पटाओ कोई दिक्कत नहीं है अगर लड़का खूबसूरत हैंडसम लग रहा है तो पटाओ आराम से कोशीश करो, कोशीश हर जगह करनी चाहिए लेकिन कोशीश में और मिन्नत

करने में बहुत फर्क होता है, कोशिस एक बहुत अच्छा शब्द है कि हमने कोशीश कि, लेकिन भीख बहुत चुभने वाला शब्द है यह आपके अंदर का ज़मीर मार देता है, तो यह चीज़ कभी मत करना और आप रोते क्यों हो यह समझ में नहीं आता है, अगर आप अकेलेपन के अंदर रहने की आदत डालोगे तो फिर तुम्हें किसी इंसान की आदत नहीं पड़ेगी, अगर तुम्हें लगता है के ज़िंदगी काफी खराब हो गयी है और सच में वैसा है, तो काफी यूट्यूब विडियो हैं काफी सारे विडिओ हैं लेकिन एक बात याद रखना अगर जिस इंसान की फीलिंग सिर्फ दूसरे लोगों के अच्छे और बुरे नज़रिए पर डिपेंड करती है, तो वो इंसान एक दिन खुद खत्म हो जाता है, आत्मा से भी और जज़्बातों से भी, फिर दुनिया मज़ाक उड़ाते हुए कहती है के चलो अब तुम्हारे पास कुछ नहीं है, अगर तुम खुद को कंट्रोल करने की प्लानिंग नहीं बनाते हो, तो फिर उस प्लानिंग को दुनियां बनाती है, अब में यह नहीं कहता के लोगो की इज़्ज़त उतारो, नहीं दुनिया को भी देखो और दुनियां के लोगों को भी देखो, लेकिन जब देखो तो सबसे पहले खुद को देखो, और जब अपने आप को देखो तो अपनी नज़र से देखो और जब दूसरों को देखो तो उनको उनकी ही नज़र से देखो, मुझे ऐसा लगता है के में बाबा आदम के जमाने से हूं, मुझे तो न कोई समझाने वाला मिला आज तक न कोई ऐसी बातें बताने वाला कुछ लोग आए लाइफ में जो फिर जल्दी निकल गए, क्योंकि शायद वो बहुत ज़्यादा अच्छे लोग थे, अच्छे लोगों की शायद ऊपर भी ज़रूरत होती होगी इसलिए उन्हें बुला लिया जाता है, इसलिए मैं थोड़े बहुत पाप कर देता हूँ की अभी इतनी जल्दी जाने का इरादा नहीं है और सिर्फ इतना कहना चाहूंगा कि ऐसी रौशनी किस काम की जो अपने घर को जला के राख कर दे, माना के रौशनी अंधेरे से अच्छी होती है लेकिन जो अपने घर को जलादे तो वो रौशनी अच्छी नहीं है और जो मोहब्बत आपकी इज़्ज़त की धज्जियां उड़ा दे वो भी ठीक नहीं है और प्यार कि भी अपनी एक क्वालिटी है, प्यार बहुत खूबसूरत है जहाँ तक मुझे लगता की तुम्हें सामने वाले को यह फील कराना होता है के वो इस दुनिया का सबसे स्पेशल इंसान है के वो इस दुनियां की सबसे खूबसूरत लड़की है, या फिर अगर कोई लड़का है तो गुड लुकिंग है या बहुत अच्छे दिल का है और अगर तुम किसी भी लड़की

से प्यार करते हो, बेइंतहा प्यार करते हो और उसे यह फील नहीं कराते हो अपने प्यार के अंदर के वो इस दुनिया की सबसे खूबसूरत लड़की है, तो तुम उस लड़की से प्यार करते ही नहीं हो, अगर तुम वो किताब पढ़ना चाहते हो जो किताब आज तक किसी ने लिखी नहीं है, तो तुम वो इंसान बनो जो वो किताब लिखेगा।

# 6

# तन्हाई और उम्मीदें

तो मैं बात करने जा रहा हूँ इस दुनिया के सबसे खतरनाक टॉपिक के बारे में, बस मैं इतना जानता हूँ कि जो इस वक्त टाइम चल रहा है वो बहुत गंदा वाला टाइम चल रहा है, जिंदगी को हमने जितना छोटा समझा था वो उससे भी ज़्यादा छोटी हो चुकी है, तो अब यह जो चैप्टर है वो तन्हाई और उम्मीद के ऊपर है, घबराहट होने लग जाती है फिर अकेला फील होने लगता है और उम्मीदें टूटने लगती हैं और यकीन मानो के यह शब्द अगर जिंदगी में न हों तो अच्छा है, क्योंकि इनके मतलब बहुत बड़े-बड़े होते हैं और जब में इस दौर से गुज़र रहा था जब में इस दौर में था तब मुझे पता नहीं थ इन शब्दों के मतलब तो मुझे यह शब्द ही नहीं पता थ जैसे Anxity Depression नाम की भी कोई चीज़ होती है, लेकिन जब इंसान को इन सब का मतलब पता चलता तो इंसान की रूह कांप उठती है, मुझे याद है जब कई लोगों ने मुझे मेसेज किया था तो में उनका जवाब नहीं दे पाया, फिर जब मैंने एक साल बाद उन लोगो के मेसेज को देखा तो में यह सोचने लगा अब तो यह लोग मुझे मेसेज करके भूल चुके होंगे, तो मैंने फिर भी जवाब नहीं दिया यह सोचते हुए के अब बहुत ज़्यादा टाइम हो चुका है, कोई क्या सोचेगा के कोन है यह जो बिना बात के मेसेज कर रहा है इतने टाइम बाद, कोन है यह फालतू इंसान, तो में सोच रहा था क्यों न अब उम्मीदों और तन्हाई के बारे में बात की

जाए जो हमारी उम्मीदें होती हैं, जो हमारी तन्हाई होती है, अगर कोई भी लड़की या लड़का इस चैप्टर को पड़ रहा और इस चैप्टर में आपको ज़रा सा भी कोई हिंट मिल जाए और किसी की भी जिंदगी में ज़रा सा भी सुधार आ जाए तो मुझे लगेगा के इस चैप्टर को लिखने का मकसद पूरा हो चुका है।

**Shakespeare कि एक लाइन है के** Expectations always hurt you **शायद सबने सुनी होगी, लेकिन इसका मतलब बहुत कम लोग जान पाएं हैं,** इस को अप्लाई करना होता है जिंदगी के अंदर और बहुत से लोग लड़का लड़की यह कह रहे थे की वो मुझे छोड़ गया है और वो मुझे छोड़ गई क्यों, तो कोई तुम्हें क्यों छोड़ गया, क्या कभी आपने यह सवाल पूछने की कोशीश की है अपने आप से, आखिर क्यों, तुम तो सच्चे दिल से प्यार करते थे, तुम तो सेल्फिश नहीं हो, तुम तो समझते थे, में आपको अब एक बात बताऊंगा मानलो के आप एक अंजान लड़की को रोज़ सोशल मीडिया पर देखते हो वो एक सेलिब्रिटी (Celebrity) है और वो बहुत अच्छी विडियो सोशल मिडिया पर अपलोड करती है, और देखने में वो बहुत खूबसूरत है, वो शायरी और स्टोरी टेलिंग बहुत अच्छे से करती है, तुम उस लड़की को रोज़ देखते हो, उसकी कुछ पोएट्री देखते हो, कुछ लाइनें देखते हो या कुछ स्टोरी टेलिंग देखते हो, वो तुम्हें अच्छी लगती है, तुम्हें उसकी बातें बहुत अच्छा फील कराती हैं, तुम्हें लगता है यह तो मेरी ही स्टोरी है, फिर तुम उस लड़की को सोशल मीडिया पर ढूंढ़ते हो, और फिर तुम उस लड़की को मैसेज कर रहे हो और कह रहे हो कि तुम्हारी बातें मुझे बहुत अच्छी लगती हैं, और तुम कहते हो की क्या तुम मुझसे बात कर सकती हो, मुझे तुम्हारी हेल्प चाहिए या मुझे तुमसे बात करनी है और वो और वो लड़की मैसेज नहीं देख पाती है, और तुम्हें लगता है के ज़रूर यह मुझे मेरे मेसेज का जवाब देगी और तुमने पता नहीं क्या-क्या एक्सपेक्टेशन लगा रखीं हैं और तुम्हारी पता नहीं क्या-क्या उम्मीदें है उस अंजान लड़की से कि वो मुझसे बात करेगी, और मुझे यह मेरी तन्हाई से बाहर निकाल देगी या घंटों तक मुझ से बात करेगी, जो भी हो वो लड़की तुमसे बात नहीं करती जिसे तुम रैंडमली जानते हो, तो उस अनजान लड़की पर तुम इतना ज़्यादा दबाव डाल देते हो, तो

क्या गारंटी है कि अभी तुम जिस लड़के या लड़की के साथ अभी हो तो उस पर इतना दबाव नहीं डालते होगे, तुमने उसकी क्या हालत करदी होगी, कभी सवाल पूछने की कोशीश की है अपने आप से, हर एक कहानी में हर एक इंसान हीरो नहीं होता है, यह बात सच है यहाँ पर सब धोके खा कर बैठे हैं, धोखा देने वाला कोई नहीं है, लेकिन कभी अपने आप से पूछने की कोशीश की है के उस इंसान के ऊपर तुम अपने सारे नियम अपने सारे कानून सब कुछ थोप चुके हो, जो तुमसे प्यार करता था या तुम्हारी लाइफ के अंदर है या जा चुका है, तुम ने अपनी सारी उम्मीदें अपने सारे नियम और कानून थोप दिए थे उस इंसान पर, लड़का हो या लड़की तुम्हारी ऐक्टिविटी तुम्हारा कैरेक्टर डिसाइड कर देती है, एक अंजान लड़की से तुम इतनी ज़्यादा उम्मीदें लगा बैठे हो तो जो इंसान तुमसे प्यार करता है या करता था उसकी की हालत क्या कर दी होगी तुमने, मैंने एक किताब के अंदर बहुत ही कमाल की लाइन पड़ी थी, के तुम किसी से भी प्यार कर सकते हो और यह कोई पागल पन नहीं है, जो कहते है ना के लड़का या लड़की पागल बना के चली गयी प्यार मौहब्बत सब बकवास है, तो हर एक कहानी का मकसद अलग और कुछ नया होता है, डिपेंड तुम पर करता है की तुम्हें कौनसी अच्छी लग रही है, तुम्हें कौन सी लाइन उस कहानी की अच्छी लग रही है, मैंने बुक के अंदर पढ़ा था तुम किसी से भी प्यार कर सकते हो बहुत अच्छी फीलिंग है, यह वो अहसास है जो हर कोई फील नहीं कर सकता, लेकिन तुम्हें यह बात भी माननी होगी के तुम सामने वाले को फोर्स नहीं कर सकते, क्या तुम्हें किसी ने फोर्स किया था की तुम सामने वाले को प्यार करो दुनिया में कोई ऐसा इंसान बना ही नहीं जिसे अपनी गलतियाँ नजर आ जाएं और मैं भी कहीं ना कहीं उन्हीं में से एक हूं, लेकिन खुद को ऐनालाइज करना भी बहुत जरूरी होता है और अगर तुम्हें लगता है के आप सच्चा प्यार करते थे अपने पार्टनर को और बहुत सारे लोग होते हैं जो वाकई में सच्चा प्यार करते हैं, अगर तुम्हें लगता है के तुमने सामने वाले से प्यार किया था और तुम्हारे जितना प्यार उसे दुनिया में कोई नहीं कर सकता और वो आपको धोका देकर चला गया, तो फिर उसे पछताने दो एक न एक दिन उस धोका देने वाले की जिंदगी में एक वक्त ऐसा आएगा, एक

मोड़ तो ऐसा आएगा जहाँ पर वो पछताएगा, जहाँ पर तुम्हारी कमी होगी और अगर तुम वाकई में इतनी शिद्दत से प्यार करते थे, तो यकीन मानो दुनिया के अंदर कहीं ना कहीं किसी ना किसी कोने में या हो सकता है तुम्हारी ज़िन्दगी में एक ऐसा इंसान आएगा जो तुम्हें भी उतना ही प्यार करेगा जितना प्यार तुम करते हो, बस वक्त का इंतजार करो और प्यार है और था यह जो दो शब्द हैं जहाँ पर होता रहता है, जिस तरह से जिंदगी में मोड़ आते हैं, पड़ाव आते हैं और हम चलते रहते हैं, वैसे ही प्यार करता हूँ, प्यार करता था, तो यह होता रहता है यह फिल्मों से मत सीखा करो, जैसे डर फ़िल्म देखी थी मैंने, उसके अंदर आप जानते ही होगे, वो कैरेक्टर जो है फोर्स करता है उसे प्यार करने के लिए, लेकिन रियल लाइफ में ऐसा नहीं है वो फ़िल्म मुझे बहुत अच्छी लगती है के मैं उसके पति को मार दूंगा, लेकिन रियल लाइफ ऐसी नहीं है, वो बहुत डिफ़रेंट है, तुम्हें मैं शायद पता नहीं है लेकिन जो सच्चा प्यार होता है, वो बहुत ज़्यादा एक्स्पेन्सिव होता है और बहुत नायाब होता है, उसकी कद्र हर कोई नहीं कर सकता, हीरे की परख जोहरी कर सकता है, एक गाना सुना था मैंने पुराना गाना है के जिस रिश्ते को अंजाम तक लाना ना हो मुमकिन उसे एक खूबसूरत मोड़ दो और छोड़ दो, और तुम्हें लगता है के तुम्हारा रिलेशनशिप आगे नहीं चल पा रहा है और सामने वाला तुम्हारे प्यार की कद्र नहीं कर रहा है तो उसे जिंदगी का एक खूबसूरत मोड़ समझो और वहाँ पर छोड़ दो और उसे एक याद बना लो और आगे बढ़ जाओ वरना शेक्सपियर की वो लाइन जो है Expectations always hurt you तुम्हें एक वक्त पर जाके इतना ज़्यादा हर्ट होगा के प्यार नाम का जो शब्द होता है उससे तुम्हें नफरत हो जाएगी, दिल टूटने के बाद रिलेशनशिप खत्म हो जाने के बाद तुम्हारे सामने बहुत सारे रास्ते होते हैं के तुम अपनी जिंदगी को किस तरीके से बिता सकते हो, अपना पूरा का पूरा फोकस तुम काम पर कर सकते हो, खुद को और ज़्यादा अच्छा बना सकते हो यह सोच सकते हो की सामने वाला इंसान मुझे क्यों छोड़ गया? खुद को और बेहतर बनाओ या फिर तुम दूसरी लड़की भी पटा सकते हो या लड़का पटा सकते हो या फिर तुम किसी अंजान लड़की की कोई शायरी सुनते हो या लाइन सुनते हो तो उसकी तारीफ करके

उसे मैसेज कर सकते हो और जब वो रिप्लाइ ना करे तो उसे इग्नोर कर सकते हो, गुड्बाइ कर सकते हो या फिर किसी अंजान बंदे की बातें सुनकर तुम अपनी जिंदगी में बदलाव ला सकते हो, थोड़ा सा आगे बढ़ सकते हो या फिर जो सबसे बड़ा हार्ड वर्क होता है कंफर्ट ज़ोन ले सकते हो, जो मैंने लिया था, लड़की छोड़ के चली गयी फिर मन-मन में गालियाँ देनी हैं, अकेले पन में गालियां देना और दुनिया को मतलबी कहना है, और यह हकीकत है और मेरे ख्याल से इस तरह का कम्फर्ट ज़ोन जो हार्ड वर्क है यह हर कोई अपनाना चाहता है और लड़की इस कंफर्ट ज़ोन को मतलब इस हार्ड वर्क को सबसे लास्ट में चुनती है और लड़का सबसे पहले इस कंफर्ट ज़ोन चुनता है, लेकिन इस हार्ड वर्क वाले कंफर्ट ज़ोन से भी कुछ लोग होते हैं जो कोशीश करते हैं और बहुत ज़्यादा कोशीश करते हैं निकल ने की और वो निकल जाते हैं, क्योंकि सेल्फ रिस्पेक्ट नाम की भी कोई चीज़ होती है और सेल्फ रिस्पेक्ट शब्द का मतलब तुम्हें तब समझ में आता है जब तुम्हारी सेल्फ रिस्पेक्ट की धज्जियां उड़ चुकी होती हैं,

जिस कि वजह से इंसान अकेला रहता है, तो मेरा यह मानना है, चलो तुम्हें एक कहानी सुनाता हूँ, एक सिचुएशन सुनाता हूँ की एक वक्त जिंदगी में ऐसा भी था जब मैं बहुत अकेला फील करता था बहुत ज़्यादा उसकी वजह से मुझे लगता था की दुनिया बहुत मतलबी है, लोगों के पास टाइम नहीं है, मुझे अपनी गलती का कभी अहसास नहीं हुआ प्रॉब्लम यह थी कि मेरे पास अपना दुख इतना ज़्यादा था और मैं पकड़-पकड़ के लोगों को या तो अपनी एक दर्द भरी कहानी सुनाया करता था अपना दुखड़ा सुनाया करता था के देख मेरी ज़िंदगी में जितना दुख है उतना तेरी जिंदगी में नहीं है, उसके बाद जब Lockdown आया था उसके बाद मैंने जो अपनी जिंदगी का नियम बनाया और वो नियम कुछ ऐसा था के मुझे अपनी प्रॉब्लम और अपना दुख जो है वो किसी के साथ शेयर नहीं करना है, मैं जब भी लोगों से मिलूंगा, हसके मिलूंगा और मैं अपनी बातें नहीं करूँगा, अभी कुछ दिन पहले लॉकडाउन के बीच की बात थी में एक शॉप पर गया था तो मुझे अपना एक फ्रेंड मिल जाता है उस दुकान पर वो मेरे साथ पढ़ता था और वो बंदा मुझे हमेशा देखके इग्नोर मार

देता था क्योंकि मैंने भी भाईसाहब पकड़-पकड़ के उसे बहुत दुखड़ा सुना रखा था, उस दिन वो मुझे मिला हमने बहुत सारी बातें की और वो भी जो फालतू की बकवास रहती है, जो एक फालतू का लेवल रहता है उस तरह की बातें, और मेरा दोस्त काफी हसा और खुश हुआ डेढ़ दो घंटे हमने बातें की आराम से फिर 10 बजने वाले थे, फिर एक मिनट में उसने जो बातें कहीं ना मुझे समझ में आ गया की इंसान अकेला क्यों होता है उसकी वजह वो खुद होता है जो तन्हाई Anxiety Depression जो होता है के Expectations always hurt you तो मैं समझा गया, उसने कहा की यार सच बता रहा हूँ काफी दिनों बाद हम मिले तुझ से मिल कर मज़ा आ गया कुछ पल के लिए मैं अपनी प्रॉब्लम्स को भूल गया, यार मेरी जॉब ठीक से नहीं चल रही है, मेरी शादी हो गयी है तो उसकी ज़िम्मेदारियां हैं, फैमिली की ज़िम्मेदारियां हैं और पापा से अब ज़्यादा काम नहीं हो पायेगा, सिस्टर की अभी कुछ दिन पहले शादी की थी और चारों तरफ ऐसा माहौल है, हर तरफ से टेंशन है, लेकिन अभी जो हम कुछ देर मिले हैं ना जो तेरी वजह से मुझे डेढ़ दो घंटे की खुशी मिली है यार बस मज़ा आगया, तो मैं उस दिन सोच रहा था के मैं जब लोगों को पकड़-पकड़ कर अपने दुखड़े सुना रहा था तो क्या उनकी ज़िंदगी में प्रोब्लम नहीं चल रही होगी, माना के सबकी ज़िंदगी में प्रोब्लम एक जैसी ना हों लेकिन उन प्रोब्लम के नाम अलग अलग हो सकते हैं और में लोगों को बोलता था के मेरी ज़िंदगी मैं बहुत गम हैं, मेरे जितना गम किसी के पास नहीं है तो यह सब में सोचा करता था, हमेशा दूसरों की थाली में घी ज़्यादा ही नज़र आता है इंसान को लेकिन जहाँ बात खुद के दुख दर्द कि आ जाए तो वो अपना सबसे ज़्यादा और दूसरे लोगों का दुख दर्द तो जैसे दुख दर्द ही नहीं है, उस दिन मैंने खुद से काफी सारे सवाल पूछे की दुनिया में ऐसा कौन इंसान होगा जो तुम्हारे पास इसलिए मिलने आएगा और तुमसे बात इसलिए करेगा के जिससे वो दुखी हो जाए, तो में इस फैक्ट को मानता हूँ के हर एक इंसान को अपनी प्रॉब्लम सुनाने के बजाय सुलझाने की कोशिश करनी चाहिए, हालांकि मेरी खुद की लिखी हुई कहानियों में बहुत ज़्यादा दुख होता है, कुछ लोग कहते है कि पुरानी याद ताज़ा हो गई तो कुछ लोग कहते हैं के हमें हमारा ही करैक्टर नज़र आगया आपकी

कहानी में तो लोग ऐसा कहते हैं, लेकिन मेरे ख्याल से कोई भी इंसान या लड़का या लड़की उस कहानी को सुनके यह फैसला नहीं करता होगा के आजा भाई एक चौराहे पर मिलते हैं और एक दुखी कहानी सुनते हैं और अपनी छाती में तलवार मार लेते हैं, मेरे ख्याल से कोई भी नहीं होगा ऐसा दुनिया के अंदर, लेकिन हकीकत में हम किसी को मिलेंगे रियल में, तो उस वक्त उसको अपने दुखड़े सुना रहे होंगे बहुत ज़्यादा तब वो इंसान परेशान हो जाएगा, इंसान की जो सबसे ज़्यादा प्रॉब्लम होती है वो यह रहती है के में प्यार करता था उसको और वो लड़की छोड़ के चली गयी एक बात कहूं तो अगर आपको लड़की छोड़ के चली गयी है तो लड़की के दिए गए ज़ख्मों को सिर्फ एक लड़की भर सकती है, अगर आपकी ज़िंदगी का मकसद यह था ना की लड़की छोड़ के चली गयी बस मेरी जिंदगी तबाह हो गई, तो घर वालो को बोल दो की शादी करवा दें, लड़की की कमी लड़की पूरी कर देगी, आप और आपका प्यार व्यार है वो सब दुबारा से आप लड़की पर लुटा दोगे और रियल लाइफ सही हो जाएगी अगर किसी लड़की को भी यही लगता है के एक लड़का चला गया और ज़िंदगी में अब कुछ बाकी नहीं रहा न काम धंधा सब खत्म हो गया कुछ नहीं रहा बाकी और न पढ़ाई लिखाई होती है और न फैमिली के बारे में कुछ सोचना है और ज़िंदगी में अब कुछ नहीं करना तो फिर एक काम करो या तो कोई लड़का ढूँढ लो या फिर लड़की ढूँढ लो क्योंकि तुम्हारी जिंदगी का मकसद कुछ नहीं है और इंसान की जिंदगी में सबसे ज़्यादा दुख तब होता है जब उसकी जिंदगी में कोई दुख नहीं होता है, आज भी मेरे पास बहुत सारे मैसेज आते हैं के मेरी गर्लफ्रेंड का XYZ नाम है मुझे छोड़ के चली गई तो मेरी प्रोब्लम का कोई हल बता दो लेकिन मेरा सावल यह है के क्यों लेकिन क्यों करना है छोड़ के चली गई उसके बाद में भी क्या चाहिए तुझे ज़िंदगी से तू किसी को भी मैसेज करके यह बोल रहा के मेरी गर्लफ्रेंड का नाम यह है और जो मुझे छोड़ कर वो चली गई है उसकी वजह से मुझे बहुत प्रोब्लम हो रही है उस प्रोब्लम को आप सॉल्व करदो, एक बात कहूं तो आज तक एक सिंगल लड़की ने मेरे पास एसा मैसेज नहीं किया होगा के मेरे बॉयफ्रेंड का नाम यह है और मेरी प्रोब्लम आप सॉल्व करो, तो मैं यह कहना चाहता हूँ के में भी परेशान हूं खुद की प्रोब्लम से लेकिन

मैं अपनी ज़िंदगी से ज़्यादा दुखी नहीं हूं, मेरे पास भी ज़्यादा खुशीयां नहीं हैं तो कम से कम में एक बैलेंस तो करके चलूँ ज़िंदगी में, तो मेरी नज़र में कामयाबी की परिभाषा Health Wealth Happiness है और इन तीनों को बैलेंस, यही वजह है के मैं भी ज़िंदगी को आसान बना ने की कोशिश कर लेता हूँ और फिर आप भी प्लानिंग के साथ वो काम करो जिसके लिए आप बने हो सक्सेस तुम्हें भी मिल ही जाएगी आज नहीं तो कल देर लगेगी लेकिन मिल जाएगी जब भी किसी से इश्क हो तो कर लो मत सोचो क्योंकि सोच समझ के मोहब्बत वगैरह इश्क नहीं किया जाता तुम्हें लगता है करना चाहिए तुम्हें लगता है यह लड़की सही है या यह लड़का सही है कर डालो किसी के बाप की मत सुनो तुम अपने आप को इतना सस्ता कभी मत बनाओ कि लोग आपको मोल भाव करने से पहले ही खरीद लें, अगर आप किसी के साथ रिलेशनशिप में हो और रोज़ खुद से यह सवाल पूछते हो के सेल्फ रिस्पेक्ट या फिर मोहब्बत तो तुम रेलवे स्टेशन पर खड़े हो कर एरोप्लेन का इंतजार कर रहे हो बाकी आपके विचार।

# 7

# पहचान

अगर रिलेशनशिप पर बात करनी है तो सबसे सही जगह जो होगी, वहां से हमें स्टार्ट करना चाहिए, वो है Human Identity **Who am I**

हमारी पहचान क्या है और हम इस पहचान को कैसे अपनी जिंदगी में स्थापित करते हैं How To Establish Our Identity और यह बहुत ही ज़रूरी है समझना अगर हमें, हम से जुड़े सभी रिश्तों को समझना है या Human Identity यानी Sense of Self आपकी खुद की Self Image यह बहुत ही इम्पोर्टेन्ट है, किसी भी इंसान के साइकोलॉजिकल स्टेबिलिटी के लिए, क्योंकि हमारी पहचान हमें Belong देती है इस Reality से के हम यहीं के हैं, में यहीं का हूँ, हाँ ये मेरा धर्म है, हाँ यह मेरे मां बाप हैं, यह मेरे सपने हैं, हाँ में लाइफ में यह कर रहा हूँ, मैं इस इंसान से प्यार करता हूँ, यह सारी चीजें कहीं ना कहीं हम एक Sense Of Self देती हैं, एक Identity Create करती हैं हमारे लिए, लेकिन जब हम सिर्फ इंसान के रिलेशनशिप की बात करते हैं तो वहाँ चीजें थोड़ी कॉम्प्लिकेटेड हो जाती हैं, क्योंकि यह बात सही है के हम वो होते हैं जो हम अपने बारे में सोचते हैं, लेकिन हमारी सोच हमेशा इस चीज़ से प्रभावित रहती है की हम कैसे दिखाई दे रहे हैं इस दुनिया को, जब भी हम अपनी पिक्चर्स पोस्ट करते हैं ऑनलाइन हँसते हुए या खेलते हुए या चिल करते हुए तो हमें लगता है के दुनिया हमें ऐसे ही अपनाया करे

और यह दुनिया हमें ऐसे ही देख रही है, और ऐसे ही पिक्चर्स पर कभी उस इंसान का कमेंट या लाइक आता है जो हमारे करीब हो, तो हम उस पिक्चर को फिर से खोल कर उस इंसान के नज़रिए से देखने की कोशीश करते हैं की हाँ, उसने मुझे इस पिक्चर में ऐसे देखा होगा और रियल लाइफ में भी रिलेशनशिप्स में हमारी पहचान दूसरे इंसान का जो हमारे लिए नज़रिया है हम उनके नज़रिए की मॉडलिंग करके अपनी पहचान बनाते हैं, एक बात है जो इस दुनिया में बहुत कम लोग समझ पाते हैं या समझ ही नहीं पाते और दुनिया में सब लोग वोही कर रहें के मैं वो नहीं हूँ जो मैं सोचता हूँ की मैं हूँ, मैं वो भी नहीं हूँ जो तुम सोचते हो की मैं हूँ, मैं वो हूँ जो मैं सोचता हूँ कि तुम क्या सोचते हो की मैं हूँ

यह थोड़ी Complicated है, But This Is Very Performed और इसके Accordingly हम अपनी Sense Of Self Identity Adjust करते है Depend करता है के हम किसके साथ हैं हम अपने भाई बहन के साथ अलग पर्सन होते हैं और अपने पैरेन्ट्स के सामने एक अलग पर्सन होते हैं, अपने फ्रेंड्स के लिए हम एक अलग ही इंसान होते हैं और Lovers के लिए तो हम बिल्कुल ही अलग इंसान होते हैं, लेकिन रोमैन्टिक रिलेशनशिप में हमें लगता है की यही एक Ultimate Form Of Identity है और उनके नज़रिए से हम अपनी पूरी की पूरी Identity Create कर देते हैं, बाकी सारी पहचान फीकी पड़ जाती हैं, जो हम अपने दोस्त के लिए थे जो हम अपने मां बाप के लिए थे कुछ नज़र नहीं आता एक रोमांटिक रेलनशिप के आगे, हमारे लिए क्या होता है जब रिलेशनशिप फेल होता है या जिसका ब्रेकअप हो जाता है जब दो आशिक जुदा होते हैं, उनकी जो Identity होती है, जो दूसरे इंसान के नज़रिए से जुड़ी होती है, वो खत्म हो जाती है उस इंसान की पूरी की पूरी Sense Of Self खत्म हो जाती है, इस वक्त लोग Senseless Behave करते हैं ऐसी सिचुएशन की उनका अगर एग्ज़ैम है और आज उन्हें कुछ परवाह ही नहीं है जैसे के एक लड़का है वो रॉकस्टार बनना चाहता है और वो खुद की पहचान एक रॉकस्टार में देखता है, उसे और कोई चीज़ की परवाह नहीं होती है, पर जब वो एक लड़की से मिलता है और उसके साथ वक्त गुज़ारता है, तो धीरे धीरे उसकी वही पहचान उस लड़की से से जुड़ जाती

है और वो अपनी दुनिया को उस लड़की की नज़र से देखता है और उस लड़की के कहने पर वो लड़का अपने दोस्त अपने मां बाप सबको छोड़ देता है, फिर वो लड़की उसको छोड़ के चली जाती है और वो लड़का उदास और मायूस रहता है, क्योंकि जैसा वो चाहता था वैसा नहीं हुआ, फिर बाद में वो एक सक्सेसफुल म्यूजिशियन बनने के बावजूद भी बेचैन रहता है उसे सुकून नहीं रहता है, क्योंकि वो उस लड़की से अलग हो जाता है उसका रिलेशन ही खराब हो जाता है उस लड़की के साथ, अब वो लड़का अकेला है सक्सेसफुल होने के बाद भी उसका कोई दोस्त नहीं, उसके मां बाप अब नहीं रहे, उसके मां बाप उसे कामयाब होते हुए नहीं देख पाए इस दुनिया में वो सोचता रहा है के किस बात की ऐसी कामयाबी मैंने यह क्या किया अपनी जिंदगी के साथ जब मेरे अपने ही मेरे साथ नहीं हैं, तो वो रॉकस्टार लड़का जो है उसकी खुद की ही नज़र में बाकी रिश्ते फीके पड़ गए थे बाकी पहचान उसने धुंधली कर ली थी जो पहचान उस रॉकस्टार की उसके अपने दोस्तो से हुआ करती थी जो मां बाप से हुआ करती थी, सिर्फ एक लड़की के लिए उसने अपना नज़रिया ही बदल दिया, क्योंकि अब उसका खुद का नज़रिया था ही नहीं, उसका नज़रिया तो उस लड़की पर डिपेंड करता था के वो क्या सोचती है, तो वो क्या कर रहा था, वो लड़का उस लड़की के नज़रिए से खुद को देखता था न कि वो अपने आप को अपने नज़रिए देखता था उस लड़के की Identity Crash हो गई, क्योंकि उसे जो होना चाहिए था वो लड़का वो था ही नहीं, इस वजह से कोई उसको प्यार नहीं करता था, इस वजह से वो अकेला था, क्योंकि वो जो था वो कोई और था और वो जो लड़का था वो सिर्फ उसकी Girlfriend नज़रों में ही कुछ था, लेकिन वो अपनी नज़रों में कुछ भी नहीं था।

अब बात यह आती है के हम अब क्या कर सकते हैं, तो इसका जवाब बहुत ही सिंपल है Distribute yourself don't put all your eggs in one basket, मतलब आपको अपनी पहचान और भी जगह से बनानी चाहिए, अपने आपको सिर्फ एक ही इंसान से नहीं जोड़ लेना चाहिए, आप ऐसा काम कीजिए जो आपकी पहचान हो, इसीलिए कहा जाता है के आप वो काम करिए जिसमें आप Believe करते हो, ऐसे में आप अपने काम को अपनी डेफिनेशन बना सकोगे, लोग धर्म से भी अपनी पहचान बनाते

हैं, बात यह है के अगर आप अपनी पहचान, अपने अस्तित्व के सिर्फ किसी एक चीज़ पर निर्भर रखोगे तो चाहे वो रोमेंटिक रिलेशनशिप हो या धर्म हो या काम हो, आपको आगे जाके Identity Crisis होने का खतरा होता है Especially तब ज़्यादा होता है जब वो एक इंसान हो।

शेर तब तक शेर होता है जब तक वो जंगल में होता है,

सर्कस में आने के बाद उसकी औकात भी एक कुत्ते जैसी हो जाती है।

तो तुम, तुम तब तक हो, जब तक तुम, तुम हो ।

किसी के चक्कर में आने के बाद

में खुद को बदल रहा हूँ, तो तुम अपने आप को खो दोगे

तुम से कोई प्यार नहीं करेगा, क्योंकि तुम, तुम नहीं हो, जब तुम्हारे पास खुद की पहचान ही नहीं है तो तुमसे प्यार कोई कैसे कर सकता है, तुम यह सोच भी कैसे सकते हो।

# 8

# टेडी बियर

यह चैप्टर मेरे लिए बहुत ही कमाल का है बहुत ही यूनिक, तो कुछ दिनों पहले मैं एक रास्ते से जा रहा था, तो रास्ते के अंदर एक कचरे की गाड़ी रहती है उसके अंदर एक बड़ा सा टेडी बियर जा रहा है कचरे की गाड़ी के अंदर और मैंने कुछ दिन पहले यह सीन देखा के हाईवे था हाइवे के पास से एक कचरे की गाड़ी गुज़र रही थी और उस कचरे की गाड़ी में एक बड़ा सा टेडी बियर था, मतलब कोई रिश्ता नहीं है मेरा उस टेडी बियर से लेकिन फिर भी अजीब सा लगा मुझे और मैं सोचने लग गया, मैं सोचता बहुत हूँ के जब वो टेडी बियर किसी ने खरीदा होगा, कितने प्यार से खरीदा होगा या किसी ने किसी को गिफ्ट दिया होगा तो कितने प्यार से दिया होगा, क्या-क्या सोचा होगा, क्या-क्या थिंकिंग आई होगी मतलब जब वो टेडी बियर अगर किसी का भी होगा एकदम से सरप्राइज़ जो मिलता है अगर लड़की ने चलो खुद के लिए भी खरीदा होगा वो अलग बात है, लेकिन कितने शौक से खरीदा होगा, लेकिन मुझे लगता है के किसी लड़के ने वेलेंटाइन डे के आसपास या उसके बर्थडे पर या किसी स्पेशल दिन खरीदा होगा वो होता है ना के एक अजीब सी खुशी की फीलिंग देने के लिए या उसे स्पेशल फील कराने के लिए दिया होगा, मतलब एक महंगी सी शॉप में एक सजावट के तौर पर वो चीज़ रखी हुई है और वो बेजान चीज़ है, उसका कोई मोल नहीं है लेकिन जैसे ही वो

किसी ने खरीदा वहाँ से लेकर आया गया एक शॉप के अंदर एक प्राइस होती है, उस चीज़ के लिए वो प्राइस उसने चुका दी, फिर उसके बाद में उसको लेकर वो लड़का जब आया होगा, और उस लड़के को थैंक यू सुनने को मिला होगा, हो सकता है लड़की बहुत ज़्यादा एक्साइटेड हो गई होगी उस लड़के के लिए तो वो कितना प्यारा दिन होगा ना, शायद उस लड़की ने तो किस कर दिया होगा उसके होंटो पर या गालों पर और क्या पता उस लड़की ने उसको गले लगा लिया होगा हो सकता है, मतलब में जानता हूं की वो एक कीमत थी जब वो टेडी बीयर शॉप में रखा था तो उसकी एक कीमत थी, लेकिन जैसे ही वो कीमत उसकी चुका दी गई वो टेडी बियर बेशकीमती हो गया, वो टेडी बियर एक फीलिंग्स में कन्वर्ट हो गया, वो टेडी बियर जैसे जज़्बात बन गया और वो टेडी बियर एक मूवमेंट भी बन गया एक तरीके से और जब दिन गुज़र गए हैं वो बेचारा पुराना हो गया, हो सकता है तुम्हारा रिश्ता टूट गया हो या हो सकता है नहीं भी टूटा हो, बस वो टेडी बीयर थोड़ा सा मैला हो गया, और थोड़ा सा गंदा हो गया, तो उस टेडी बियर को फेंक दिया गया, में जानता हूं के यह गलत नहीं है, हो है सकता है वो टेडी बियर बहुत ज़्यादा गंदा हो गया होगा या आप ऐसा समझ लो के वो टेडी बियर अजीब सा हो गया, तो वो फेंक दिया गया, अब यार कचरा घर के अंदर रखा जाएगा क्या, लेकिन क्या गुज़री होगी उसको जो एक फीलिंग होती है, और क्या गुज़री उस फीलिंग को जिस फीलिंग की भी एक फीलिंग होती है, जिस फीलिंग से कुछ इमोशंस जुड़े होते हैं, शायद जिस लड़के का टेडी बियर फेंक दिया गया उसको यह बात मालूम होगी भी या नहीं में नहीं जानता, लेकिन अगर आप यह चैप्टर पढ़ रहे हो तो शायद आप एक बार उस लड़के की जगह खुद को रख कर देख सकते हो या खुद पर फील कर सकते हो, तो उस पर क्या गुज़रती होगी, में जानता हूं के उस टेडी बियर का न दिल न दिमाग न उसके अंदर जान कुछ भी नहीं है, में यह भी जानता हूं इसका का पर्पस कुछ भी नहीं है, बस थोड़ा सा कम्पेरिज़न करने का आइडिया आ जाता है, आप ज़रा महसूस कीजिए या मान लीजिए के उस टेडी बियर के अंदर कहीं से जान आ गई हो, अब वो टेडी बियर सब देख सकता लेकिन वो न कुछ सुन सकता है और न बोल सकता है, वो टेडी बियर चाह कर भी नहीं बोल

सकता है और अब जैसे हम इंसान हैं वैसे वो भी अब एक इंसान हो गया है, लेकिन वो टेडी बियर हमसे बहुत अलग है वो टेडी बियर इस दुनिया से बिल्कुल अंजान है और न अब वो अपने इमोशंस बता सकता है के उसको क्या फील होता है, और उस टेडी बियर की दुनिया जो है वो एक छोटी सी शॉप है, और वो टेडी बियर अपनी दुनिया में उस शॉप के अंदर बैठा है और वो अपनी जिंदगी में बहुत ज़्यादा खुश है और उस टेडी बियर के इर्द गिर्द हम जैसे इंसान हैं जो उसे रोज़ देखते हैं और पसंद भी करते हैं, लेकिन एक इंसान अचानक उस शॉप में ऐसा आता है उस मासूम टेडी बियर की ज़िंदगी के अंदर और उसे उठाता है, और फिर वो उस टेडी बियर को उस शॉप से लेकर आता है अपने घर अपनी जिंदगी के अंदर, उस दुकान से तो चलो वो बंदा उस टेडी बियर की कीमत चुका देता है, लेकिन एक कीमत वो टेडी बियर भी तो चुका रहा है, जैसे अब वो टेडी बियर अपने दोस्तों को छोड़ रहा है और अपनी फैमिली से थोड़ा सा डिस्टेंस मेंटेन कर रहा है और भी कुछ चीजें हैं उसकी पर्सनल तो वो उसको छोड़ रहा है और उस टेडी बियर को खरीद ने वाला इंसान उसे इतने प्यार से उठा रहा है जैसे कोई प्यारा सा मासूम सा बच्चा होता है, और वो टेडी बियर अपना सब कुछ छोड़कर उस इंसान के पास आता है, खुश होकर और अपने आप को बेशकीमती समझ के, और धीरे-धीरे वक्त गुज़रता है साल गुज़रते हैं, तो वो टेडी बियर अब वापस अपनी दुनिया में भी नहीं लौट सकता है, और उस टेडी बियर को खरीद ने वाला इंसान और उसकी गर्लफ्रेंड जो उस टेडी बियर को अब भी एक खिलौना समझते हैं और वो बेचारा इंसान अब भी टेडी बियर का क्रैक्टर (Character) निभा रहा है लोगों की जिंदगी में।

तो आज तुम्हें उस टेडी बीयर की ज़रूरत नहीं है अब तुम उसे वापस तो जाके शॉप में नहीं रख सकते ना के आप वहाँ पर जाएं और कोई दूसरा इंसान उसको खरीद ले, नहीं अब वो पुराना हो चूका है अगर वो इंसान तुम्हारी ज़िंदगी में तुम्हारे पास आया अपना सब कुछ छोड़ के, बात यह है के तुम घूमे फिरे और सब कुछ किया, अब तुम उस इंसान को एक तरफा कर देते हो के जाओ अपनी लाइफ में दोबारा चले जाओ, वो दोस्त, वो पल, वो उम्र वो टेडी बियर कहाँ से लाएगा क्या दुबारा वोह ला सकता है, नहीं ला सकता बिल्कुल भी नहीं ला सकता, लोग तो आज भी वोही

रहते हैं जैसे वो हैं, लेकिन उनकी उम्र बढ़ जाती है उनकी फीलिंग्स बदल जाती है, जिस जगह कभी किसी इंसान ने अपने खुशी के पल बिताए थे, तो वो जगह भी उसे वैसा फील नहीं दे पाती है जैसा वो कभी उस जगह के लिए फील किया करता था अब इंसान हो या कोई जगह वो बार-बार सेम एक जैसी फिलिंग नहीं दे सकती आपको, तो ऐसा कभी ना कभी हर एक इंसान की ज़िंदगी में होता है और उस इंसान की हालत बिल्कुल कचरे में पड़े उस टेडी बियर की तरह हो जाती है नाम तो उसका टेडी बियर है एक पहचान तो उसकी टेडी बियर से बनी हुई है, लेकिन औकात क्या रह गई है के जब वो अपनी दुनिया में एक शो रूम के अंदर एक शॉप के अंदर था तब तो वो कीमती था, आखिर उसकी कीमत भी थी हां थोड़ी बहुत ही सही लेकिन एक कीमत तो थी जो पैसों के अंदर चुकाई जा सकती थी जो आगे जाके एक मोमेंट एक फीलिंग बनती, लेकिन अब उस बेचारे की कुछ भी हालत नहीं है, वैसे ही आज इंसान बन चुका है, जो उस इंसान ने टेडी बियर के साथ किया है ना उसे बेजान समझ कर उसे कचरे में फेक दिया, क्योंकि इंसान को लगता है के इसके अंदर जान नहीं है यह बस एक खिलौना है जो जो वक्त के साथ पुराना हो चुका है, इसकी आज कोई वैल्यू कोई इज़्ज़त नहीं है, क्योंकि यह हमें कुछ भी फील नहीं कराता ना हमें यह कुछ चीज़ देता है ना हमें इससे अब कोई फायदा है, तो हम क्यों इसका बोझ अपने सर उठाएं यह बस एक कचरा है इससे हमारा कोई वास्ता नहीं, फिर उस इंसान ने उस टेडी बियर को कचरे में फेक दिया और यह कह कर के अब तू जा अपनी जिंदगी में वापस और तू अब अपना देख ले, आज से तू अपने रास्ते में अपने रास्ते, अब तू मरे या जिए इससे अब हमारा कोई लेना देना नहीं, तू आज से मेरा कोई नहीं, फिर उस इंसान ने अपने हाथों से उसे उठाया और गुस्से से एक कचरे की गाड़ी में फेक दिया, कितना अजीब है ना, और जब उस टेडी बियर को फेका तो उस टेडी बियर ने कहा के इस इंसान ने मुझे कितने प्यार से उठाया था में कितना खुश था अपनी एक दुनिया में, मेरी एक छोटी सी दुकान में वहां मेरे दोस्त थे मेरे अपने थे, लेकिन जब इस इंसान ने मुझे इतने प्यार से उठाया था तो में इसको बस अपना सा समझने ने लगा और सोचने लगा के अब में इसके साथ हमेशा रहूंगा, इसकी दुनिया को भी

अपनी ही दुनिया मान लूंगा यह मुझे किसी को भी दे तो उस इंसान को भी अपना मान लूंगा, इसकी एक खुशी के लिए में टेडी बियर का किरदार हमेशा निभाता रहूंगा कुछ भी हो जाए में अब से में इसका हूं और यह मेरा, लेकिन आज जब वक्त और उम्र गुज़र ने बाद इसने मुझे फेक दिया बेइज़्ज़त करके और यह कह कर के तू बस एक कचरा है, तो मैंने तो इसको नहीं काह था ना के मुझे तुम खरीद लो, मुझे रख लो अपने पास, में तो खुश था मेरी जिंदगी से, मैंने हमेशा लोगों की नज़रों में एक टेडी बियर का किरदार निभाया, जब यह इंसान खुश हुआ करता था तो मुझसे हर एक बात शेयर किया करता था और जब यह इंसान दुखी हुआ करता था तो मुझे गले लगाया करता था और जब यह डरा करता था तो पूरी रात मुझे गले लगाए रखता था, आज जब में पुराना हो गया तो मुझे इसने अपने घर से निकाल दिया, क्या इंसानों की दुनिया ऐसी होती है जब यह मेरे साथ ऐसा कर रहा है तो और लोगों को भी इसने बस अपनी फीलिंग के लिए इस्तेमाल ही किया होगा, लेकिन मेरी फीलिंग, मेरी जिंदगी, मेरे दुख, मेरे दर्द उनका क्या, में हर एक इंसान के दुख दर्द में उनके साथ उनकी ज़िंदगी में टेडी बियर का किरदार निभाता रहा और आखिर लोगों ने मुझे समझा क्या, आखिर में लोगो ने मुझे एक खिलौना ही समझा ना अच्छा हुआ में बोल कर अपनी फीलिंग का इज़हार नहीं कर सकता यह अच्छा हुआ के में अपना हाल इसको नहीं बता सकता नहीं तो यह इंसान मुझे फाड़ डालता, चीर डालता आज में जैसा भी हूं लेकिन जिंदा हूं, मुझे नहीं पता अब कोन मुझे इस्तेमाल करने वाला है, मुझे नहीं पता के अब कोन मुझे इस्तेमाल करके वापस ऐसे ही किसी कचरे की गाड़ी में फेक देने वाला है, मुझे नहीं पता आगे जाके में जीने वाला हूं या मरने वाला हूं, लेकिन आज अभी में जैसा भी हूं, लेकिन जिंदा हूं, कल क्या होता है या नहीं मुझे नहीं पता, लेकिन अभी में जिंदा हूं यह बात मुझे पता है, लेकिन सच कहूं तो में बस इंसानों की दुनिया में एक जिंदा लाश हूं।

तो मैंने उस टेडी बीयर के ऊपर कुछ लिखा था के अगर उसमें जान होती, तो जब उसको फेंका गया होगा तो उसके क्या ख्यालात रहें होंगे, उसकी क्या मायूसी रही होगी और वो हालत क्या रहे होंगे,

लोग मुझे अपनी खुशियों में हैं तलाशते,

पुराना हो जाने पर लोग मुझे अपने घर से हैं निकालते,

आज खड़ा हूं मैं एक अनजान रास्ते,

रहा मैं एक टेडी बियर लोगो की खुशियों के वास्ते,

मैं हैरान हूं, मैं परेशान हूं, मैं हताश हूं,

सच कहूं तो इंसानों की दुनिया में एक ज़िंदा लाश हूं,

मेरा किरदार अपने जज़्बातों को छुपाना था,

इस लिए तो लोगों को बस मेरे साथ वक्त गुज़ारना था,

किसी को मेरे साथ हंसना था, तो किसी को रोना था,

यह तो मेरे साथ होना ही था,

क्योंकि मैं इंसानों के लिए बस एक खिलौना ही था।

तो जैसा आज उस टेडी बियर के साथ हुआ है वैसा ही आज एक इंसान दूसरे इंसान के साथ करता है, एक इंसान के लिए दूसरे इंसान की जिंदगी और फिलिंग बस एक टेडी बियर है,

इसलिए प्लीज़ तुम किसी भी इंसान को अगर एक टेडी बियर का भी दर्जा देते हो तो प्लीज़ उसका अखरी वक्त तक साथ निभाओ तो सही, ठीक है आपने एक टाइम पर बहुत ही स्पेशल फील करवा दिया, लेकिन ऐसे नहीं खेलते ना किसी की जिंदगी के साथ किसी की फीलिंग के साथ, क्या दिल के साथ खेलना ज़रूरी है अगर बोर हो रहे हो तो टीवी देख लो इन्टरनेट किस लिए है, बुक्स पढ़ लो घूमने चले जाओ लेकिन किसी के जज़्बातों के साथ खेलना तुम्हारी कुछ पल की खुशी के लिए ज़रूरी है क्या, अगर आपको किसी लकड़ी या लड़के में कुछ डिफरेंट लग रहा है या अगर आप किसी इंसान को उसके के बालों को देख के पसंद करोगे तो हो सकता है के वो आने वाले दो साल या कुछ महीनों में अपना हेयर स्टाइल चेंज कर दे, तो उस वक्त तुम्हारी फीलिंग्स चेंज नहीं होनी चाहिए ना उस इंसान के लिए, बंदा जब तुम्हें मिला तो तुम्हारी पसंद का लुक रखता था, जैसे जीन्स फठी हुई पहन रहा है और फॉर्मल लुक नहीं कर रहा है तुम्हारी खुशी के लिए, लेकिन जिस दिन वो अपनी खुशी से फॉर्मल शर्ट पहन रहा है तो तुम्हारी फीलिंग्स नहीं बदलनी चाहिए ना उस इंसान के लिए, इंसान की नहीं उसके जज़्बातों की कद्र करनी चाहिए, तो इंसान की कद्र अपने आप हो जाएगी,

तुम्हें एक बहुत अच्छा सा एग्ज़ांपल देता हूँ, बहुत प्यारा सा, मैंने एक चश्मा रखा है उसको 2 साल हो चुके हैं, और वो चश्मा टूट गया है थोड़ा सा, जब में कुछ काम कर रहा था तो वो चश्मा टूट गया था, वो चश्मा किसी का गिफ्टेड है, तो इसको मैंने फेवी क्यूब से चिपकाया था 2 साल होने को आएं हैं, इसको मैंने बहुत संभाल के रखा है, वैसे में अपने पास बहुत कम समान रखता हूं, तो कुछ मेरे गुज़रे हुए वक्त की यादें हैं, जो शायद मेरे लिए बहुत अहम यादें हैं जिन्हें में हमेशा अपने पास रखना चाहूंगा, अगर कोई भी इंसान तुम्हें कोई चीज़ दे, कोई गिफ्ट दे तो प्लीज़ उसकी कीमत कभी मत देखना उसकी कीमत तब तक थी जब तक वो उसे खरीद नहीं पाया था, जैसे ही उस इंसान ने वो चीज़ खरीदी उसने कीमत अदा की लेकिन जैसे ही उसने गिफ्ट के तौर पर आपको दी तो वो बेशकीमती हो गया, मैं कभी भी उस गिफ्ट की कीमत नहीं चुका सकता, तो यह तब की बात है जब मैं कंप्यूटर ज़्यादा यूज़ में लिया करता था, मैं इसके पीछे की स्टोरी बता रहा हूँ तो मैं कंप्यूटर बहुत ज़्यादा ऑफिस के काम में इस्तेमाल किया करता था बहुत ही ज़्यादा, तो मेरी आंखे लाल हो जाती थी बहुत ज़्यादा तो एक शख्स था जिसे मेरी बहुत फिक्र हुआ करती थी उस वक्त के अंदर, तो उसने वो चश्मा दिया था, क्योंकि में बहुत ज़्यादा ब्राइटनेस ऑन करके रखता हूँ, इस वजह से ऐसा होता है मुझे वो चश्मा बस एक सिंपल सा चश्मा लगता था जब मैंने उसे लगाया तो मानो मेरी आंखों को जैसे एक सुकून सा मिल गया हो, वो बहुत ही अच्छा चश्मा था और फिर मेरी आंखे अब लाल नहीं हुआ करती थी, वो इतनी अच्छी किस्म का चश्मा था उसको मैं जितना भी लगाता हूँ काम करते वक्त मुझे आराम सा मिलता है आंखों में, में 9 से 6 की जॉब किया करता था, एक दिन मैंने पता किया के ऐसी क्या खास बात है इस चश्में के अंदर के मेरी आंखो को अब इतना आराम मिलता है और मेरी आंखे अब लाल नहीं होती, तो एक दिन मुझे पता चला के यह चश्मा जो है जो बहुत कीमती है प्राइस के तौर पर, मुझे लगा था जैसे 100-200 रुपये के चश्मे आते हैं वैसा ही यह होगा, लेकिन वो बहुत महंगा था उसके बाद मुझे पता चला के इस लिए मेरे सिर में दर्द नहीं होता है के यह बहुत एक्सपेंसिव है और ब्रांडेड है, इस लिए आंखे लाल

नहीं होती हैं, मैंने उस चश्मे की जानकारी इस लिए सर्च नहीं की थी के उसने मुझे जो गिफ्ट दिया है आखिर वो है कितने का या उसकी कीमत कितनी है, नहीं ऐसा बिलकुल नहीं है, मैंने तो इस लिए सर्च किया था के उस इंसान ने कहीं मुझे बहुत-बहुत ज़्यादा महंगा तो चश्मा नहीं दे दिया जिसको में 100-200 का समझ रहा हूं कहीं वो बहुत ही ज़्यादा कीमत का तो नहीं है और कहीं वो ब्रांडेड तो नहीं है, जो मेरा सिर अब दर्द नहीं कर रह है, आखिर है क्या इसमें ऐसा, तो मैंने इसलिए चेक किया था तो बस इसलिए, हालांकि मैंने उसको नहीं बताया की मुझे उसके गिफ्ट की प्राइस पता चल गई है के यह कितने का है लेकिन अगर यह चश्मा 100 रुपए का भी होता अगर यह चश्मा 49 का भी होता, 99 रुपए का भी होता तब भी यह मेरे लिए उतना ही बेशकीमती होता जितना आज है, में उसके गिफ्ट जो इतन प्यार से दिए गए हैं, जो एक फीलिंग के साथ सिर्फ मुझे दिए गए हैं, उसको में ऐसे कचरे में नहीं फेंक सकता, मैं नहीं खोना चाहता उसके इस गिफ्ट को बस अब जैसा भी है मेरा है आप सोच रहे होगे के में ऐसा क्यों करता हूं क्योंकि में यह मानता हूं के एक इज़्ज़त वो नहीं होती के जब जिसके भी साथ तुम रहते हो और उसके साथ रहकर उस इंसान की इज़्ज़त करते हो नहीं ऐसा कैसे हो सकता है, असली इज़्ज़त तो वो होती है जब तुमसे वो इंसान अलग हो जाता है हमेशा के लिए, फिर उसके बाद जो तुम उसकी इज़्ज़त करते जैसे पहले किया करते थे वो एक असली इज़्ज़त होती है, तो क्या हुआ हम अलग हो गए, में उस इंसान की फीलिंग की बहुत कद्र करता हूं में ऐसे कैसे उसकी फीलिंग की बेइज़्ज़ती कर सकता हूं अब जब वो मेरे साथ नहीं है तो सामने तो चापालुसी होती है असली इज़्ज़त तो पीठ पीछे होती है, एक जो होता है ना एक बक्सा, ज़्यादा छोटा ना ज़्यादा बड़ा जैसे-जैसे मेरी उम्र बढ़ेगी जैसे-जैसे मैं नए-नए लोगों से मिलूंगा और बहुत से लोग होंगे जो ज़िन्दगी से बिछड़ जाएंगे, लड़का-लड़की कोई भी हो सकता है, फ्रेंड भी हो सकता है मुझे कोई फर्क नहीं पड़ता के कौन आता है जिंदगी में, कौन टिकता है कौन नहीं टिकता है, मुझे इससे फर्क नहीं पड़ता है, क्योंकि आने-जाने वाले लोग तो लगे रहेंगे, सिलसिले चलते रहेंगे, तो में उसके दिए गए गिफ्ट को हमेशा उस बक्से में संभाल के रखूंगा ज़िंदशी

भर ।

मैं थोड़ा पुराने ख्यालात का हूँ लेकिन इस तरह के जज़्बात रखने वाले का कोई रोल नहीं है आज की डेट में, लेकिन हाँ मैं शायद नए ज़माने में पुराने खयालात वाला लड़का हूं।

तो वो लड़की मेकअप तो बस इसलिए कर लेती थी ताकि वो लड़की होने का फ़र्ज़ अदा कर सके, वरना सच कहूं तो जब वो सुबह उठती थी और आँखों को मलते हुए अंगड़ाई लेती थी, मुझे लगता ही नहीं है के इस दुनिया में उससे खूबसूरत लड़की भी कोई और भी हो सकती है मेरी नज़र में, यह जो मेरी नज़र का फासला है, यह बहुत अलग कर देता है एक तारीफ और एक सच को के उससे खूबसूरत लड़की हो ही नहीं सकती, यह तो झूठ है, सरासर झूठ है हो सकता है के उसकी गली में कोई और लड़की हो क्या पता उसकी गली के आगे रहती हो, हो सकता उसकी कोई बहन हो, लेकिन मेरी नज़र में उससे खूबसूरत लड़की कोई नहीं है और यह मेरा सच है, तो डियर गर्ल्स तुम्हें कोई भी लड़का टेडी बियर वगैरह दे रहा हो तो रिश्तो में उतार-चढ़ाव होते रहते हैं, तो प्लीज़ अगर आपका ब्रेकअप हो जाए, कुछ भी हो जाए इंसान को भुला दीजिये, लेकिन जो मेमोरीज़ हैं जो पल हैं, जो फीलिंग्स हैं किसी टाइम पर लड़का हो या लड़की बहुत लॉयल फीलिंग होती है किसी ना किसी टाइम पर तो रिलेशनशिप में एक वक्त ऐसा ज़रूर होता है जब लड़का हो या लड़की एक मोमेंट होता है जिसमें वो बहुत लॉयल होते हैं, वो सिर्फ आपके होते हैं, वो झूठ नहीं बोल रहे होते हैं उस वक्त में, माना के यह एक छोटा सा फासला है जो बहुत से लोग भूल जाते हैं, एक टाइम था जब वो बहुत लॉयल हुआ करती थी, तो में हमेशा एक बात का घमंड करता हूँ कि मैंने हमेशा उसकी आंखों में देखना पसंद किया है दुपट्टे के पिछे नहीं, भले ही हम दोनों ने बिना लिबास के एक दूसरे के साथ वक्त ना गुज़ारा हो, लेकिन वैसे ही पल तू किसी और के साथ भी बिताए तुझे सिर्फ नंगेपन का एहसास होगा, बिना लिबास के महसूस करवाने में और एक नंगेपन का अहसास करवाने में यह दो बहुत ही अलग-अलग चीज़ें हैं यह बात तो वो भी मानती है बिना लिबास के और नंगेपन के एहसास को।

मैं नहीं जानता के मेरा यह सोचना सही है या गलत है, पता नहीं फर्क नहीं पड़ता, तुम्हें मेरे बारे में जो सोचना है सोच लेना, अगर मुझसे प्यार और नफ़रत भी करोगे तो चलेगा मैं सब कुछ बर्दाश्त कर लूँगा, बस मुझसे हमदर्दी कभी मत करना, मैं हमदर्दी का पात्र ना कल था ना आज हूँ ना मेरी ज़िंदगी में कभी रहूँगा, तो प्यार करो या नफरत करो जो भी करो दिल खोलके करो।

# 9

# सोशल मीडिया रिलेशनशिप

मैं प्यार से दूर नहीं भाग रहा हूँ, मैं दूर भाग रहा हूँ उस धोखे से जो प्यार के अंदर दिया जाता है, बहुत दर्द है उसमें, बहुत तकलीफ है, बहुत अंधेरा है, कुछ नज़र नहीं आता उसमें इंसान को पूरी दुनिया दुश्मन की तरह लगने लग जाती है हर एक इंसान फरेबी लगता है, इसलिए डरता हूँ, मैं बिना गिरे ही संभलने की कोशीश कर रहा हूँ, मैं उस धोखे से उस प्यार इश्क मोहब्बत से दूर रहना चाहता हूँ बस यही एक वजह है।

बात नज़रअन्दाज़ की नहीं होती, बात होती है नाफरमानी की, फ्यूचर सबको पता होता है, जो आज हम कर रहे हैं उस आज का रिज़ल्ट ही हमें कल मिलेगा, इसलिए फ्यूचर को थोड़े कम लोग देखते हैं लोग आज में जीना चाहते हैं, मेरा यह मानना है और सब का यह मानना नहीं हो सकता, लड़का हो या एक लड़की हो वो रिलेशनशिप में इसलिए जाते है कि वो आज को जी सकें, कहीं ना कहीं फ्यूचर तुम्हें पता होता है, रिश्ते की शुरुआत में कहीं ना कहीं अंत छुपा होता है, रिश्ते पांच साल वाले भी टूटते हैं, रिश्ते दस साल वाले भी टूटते हैं और आगे जाके जब मच्योरिटी वेन यू रियलाइज़ कि हर रिश्ता सिर्फ इसलिए नहीं टूटता की उसकी लाइफ में कोई और आ गया, कुछ रिश्ते इसलिए भी टूट जातें है

के आप उनकी कद्र नहीं कर पाते, आप उनको वक्त नहीं दे पाते, कुछ रिश्ते इसलिए भी टूट जाएंगे कि तुम्हारे पास ठीक से जॉब नहीं है इस लिए एक सिक्योर फ्यूचर तुम्हारे साथ नहीं देखा जा सकता, तो ज़रूरी नहीं है कि उसकी जिंदगी में कोई और आ गया इसकी वजह कुछ और भी हो सकती है, हो सकता है कहीं ना कहीं के वो तुम से कई ज़्यादा बेहतर है, वो लड़की तुम से कई ज़्यादा खूबसूरत है, वो लड़का तुम से कई ज़्यादा मैच्योर (Mature) स्मार्ट, गुड लुक्स, पैसे वाला हो, जो भी चीजें होती हैं यह सारी बातें कहीं ना कहीं इंसान को पता होती हैं, इंसान शुरुआत में जब रिश्ते की शुरुआत करता है लेकिन इन सब बातों को नज़र अन्दाज़ करता है, बात होती है नाफरमानी की के मुझे आज में जीना है, आज़ादी जो शब्द है, जिसका मतलब है वो उसे फील करना चाहता है जब ज़हन में पड़ी बेड़ीयों को इंसान तोड़ देता हैतो सिर्फ बगावत करता है, और वो बगावत करता है सिर्फ़ अपने आप से, उसे दुनिया से मतलब नहीं है, उसे अपने आप से मतलब है वो अपने तरीके से जीना चाहता है, वो अपने तरीके से हर चीज़ करना चाहता है अब वो एक लड़की हो या लड़का हो, उससे प्यार देना चाहता है जी भरके और रिटर्न में प्यार लेना भी चाहता है, और जो लोग यह कहते हैं कि मोहब्बत के अंदर कोई सौदा नहीं होता, गलत कहते हैं मेरा यह मानना है कि अगर सौदा मोहब्बत में नहीं होता तो फिर सौदा ही नहीं होता, और मोहब्बत की सौदेबाज़ी सबसे कमाल की सौदेबाज़ी होती है, अगर मोहब्बत में सौदेबाजी नहीं होगी तो सौदेबाज़ी कहां होगी, यहाँ आपको प्यार के बदले प्यार देना होता है, वक्त के बदले वक्त देना होता है, फीलिंग्स को समझाने की जगह पर सामने वाले की फीलिंग्स को समझना होता है, और कद्र रिस्पेक्ट जो भी हो उनके बदले वोही रिटर्न करना होता है, आप यहाँ यह नहीं कह सकते कि तु मुझे एक साल तक प्यार और एक साल बाद में मेरी बारी आएगी, मैं तुझे प्यार दूंगा जॉब के अंदर हो सकता है कहीं पर आप नौकरी करते हो, मज़दूरी करते हो, मेहनत करते हो आप पूरे दिन काम करते हो, पूरे महीने करते हो, और उस महीने बाद में तुम्हें पैसे मिलते हैं, सुबह से लेकर शाम तक हम काम करते हैं हमको तो मैं पेमेंट मिलता है लेकिन मोहब्बत में ऐसा नहीं है, तो मोहब्बत की एक अलग सौदेबाज़ी है मेरा मानना है

कि मोहब्बत की सौदेबाज़ी एक सबसे कमाल की सौदेबाज़ी है और यही तो एक प्रॉब्लम है इस नाफरमानी की नज़र अंदाज़ी नहीं नाफरमानी की और इस नाफरमानी के लिए तुम्हें वो पल मिलते हैं जो तुम्हें ज़िंदगी भर याद रहेंगे और ख़्वाब बनकर भी याद रह सकते हैं और एक अच्छी मेमोरी बनके भी याद रह सकते हैं, हर एक इंसान नाफरमान हो सकता है, लेकिन हर एक इंसान नाफरमानी नहीं कर सकता, कुछ लोग होते हैं जो बहुत प्रैक्टिकल सोचते है के This is not फ्यूचर, के हम दोनो का कोई फ्यूचर नहीं है, मुझे मैगी पसंद है और तुम्हें ऑमलेट पसंद है, मुझे भीड़ में रहना पसंद है और तुम्हें तन्हाइयों में रहना पसंद है, अट्रैक्शन महज़ एक नाम है मेरी ज़िंदगी में जो मुझे किसी भी खूबसूरत चीज़ से हो जाता है लेकिन प्यार वो एहसास है जो मुझे सिर्फ तुझ से हुआ तेरे बाद भी अगर किसी से होगा तो सिर्फ तुझ होगा और किसी से नहीं, तो अट्रैक्शन दुनिया में किसी भी इंसान को हो सकता है किसी भी खूबसूरत चीज़ देखने के बाद, लेकिन आज की डेट में सोशल मीडिया का जो ज़माना हो गया है आज किसी अंजान इंसान की पोस्ट के नीचे कोई कमेंट करता है उस कमेंट सेक्शन में बातें होती हैं, फिर वो बातें ज़्यादा होती हैं, फिर वो वॉट्सऐप चैट तक पहुंचती हैं और वो मोहब्बत जो किसी अंजान इंसान की पोस्ट के नीचे कमेंट सेक्शन में हुई थी, उसका सफर वॉट्सऐप चैट में आकर दम तोड़ देता है, तो कितने लोगों का ब्रेकअप सिर्फ फ़ोन पर हुआ है मुझे लगता है कि ज़्यादातर लोगों का ब्रेकअप फ़ोन पर हुआ है, लेकिन कुछ लोग इतने लकी होते हैं के एक अंजान इंसान की पोस्ट के नीचे कमेंट सेक्शन से उनकी बातचीत की शुरुआत होती है और सात फेरों के अंदर बदल जाती है, मेरे खयाल से वो बहुत ही नायाब किस्म के लकी इंसान होते हैं नायाब किस्म के, वरना हर इंसान को पता होता है एक दिन यह जो रिश्ता बहुत गहरा है यह टूट जायेगा, जो इंसान आज हमें देखे बिना नहीं रह सकता, एक दिन हमारी शकल तक नहीं देखना चाहेगा और वो इंसान इतना बदल जाएगा, तो कहीं ना कहीं रिश्ते के अंत शुरुआत इंसान को पता होती है, और मैं थोड़ा सा ओल्ड स्कूल के ज़माने के टाइप का लड़का रहा हूँ, मैंने महबूबा की आँखों में देखना ज़्यादा पसंद किया है दुपट्टे के के पीछे नहीं, इसलिए तो कह रहा हूँ की

मेरी मोहब्बत सब से अलग होगी, क्योंकि मेरी मोहब्बत सिर्फ़ मेरी है और लोगों जैसी नहीं, पर आज की डेट में लोग इतने ईमानदार हो चूके हैं और रिश्ते इतने ज़्यादा वफादार हो चूके हैं अगर वो तुम्हारा बोझ नहीं ढो सकते, तो नहीं ढो सकते, वो डाइरेक्टली तुम्हें मना कर देंगे अगर तुम उन के बिना नहीं जी सकते, यह तुम्हारी प्रॉब्लम है, तुम्हारी मेंटल हेल्थ ठीक नहीं है तो यह तुम्हारी प्रॉब्लम है, अगर तुम खुश नहीं हो यह तो तुम्हारी प्रॉब्लम है के तुम्हें खुश रहना नहीं आता, आजकल वो क्या बोलते है वो बैसाखी वाला हिसाब नहीं है के एक इंसान से चला नहीं जा रहा है तो दूसरा उस इंसान की बैसाखी बन जाएगा, ऐसा कुछ भी नहीं है तुम्हारी मेंटल हेल्थ हो या तुम्हारी फिज़ीकल हेल्थ हो, कहीं ना कहीं तुम्हें ध्यान रखना होगा उसका, अगर तुम्हें कोई ऐसा रिश्ता मिल चुका है, तुम्हें आरोही मिल चुकी है और तुम भाई साहब राहुल जेकर हो गए हो, अगर आशिकी वाला वो सीन हो चुका है तुम्हें शराब पीने की आदत है और तुम अपनी ज़िंदगी से दुखी हो चुके हो तो तुम्हें आरोही मिलनी चाहिए, तो फिर वही आरोही ढूंढो, जाओ एक काम करो, गोवा निकल जाओ शराब की तलाश में कहीं ना कहीं मंजिलें रुसवा हैं, तो फिल्मों जैसी लाइफ नहीं होती है रियल लाइफ, रीयल लाइफ में और फिल्म में बहुत फर्क होता है, वो बस कुछ घंटों की कहानी है और आपकी ज़िंदगी बहुत लंबी है और शुक्र करो उस उपर वाले का के ज़िंदगी नहीं मिलेगी दुबारा और क्यों कोई तुम्हारा बोझ ढोएगा, पहले यह बताओ क्यों ढोएगा वोही इंसान तुम्हारा बोझ, कोई भी इंसान तुम्हारे पास इसलिए आएगा के वो दुखी रहे, नहीं हर इंसान खुश रहना चाहता है, अरे तुम अगर किसी बाग में जाते हो एक मुरझाया हुआ फूल तुम्हें दिख जाता है, तो तुम उसे नहीं तोड़ते हो की तुम्हें अच्छा नहीं लगता ज़रा खुद के ऊपर लेके देखो ना के तुम इतनी बड़ी दुनिया के अंदर एक इंसान से मिलते हो फिर उस इंसान के लिए पूरी दुनिया को नज़र अन्दाज़ कर देते हो, फिर एक वक्त ऐसा आता है तुम्हारी ज़िंदगी के अंदर उसी दुनिया के अंदर वो इंसान तुम्हें नज़र अन्दाज़ कर देता है, तो बात नज़र अन्दाज़ करने की नहीं थी बात नाफरमानी की थी वरना पता तो हमें भी था के एक इंसान के लिए सबको छोड़ रहे हैं कहीं ऐसा ना हो के यह एक इंसान फिर किसी एक के लिए हमें

छोड़ दे।

रिश्ते का अंत शुरुआत में छुपा होता है, इंसान को पता चल ही जाता है एक हफ्ते, दो हफ्ते, एक महीने या कुछ सालों में तो रिश्ते बीस साल के भी टूटते हैं, तीस साल के भी टूटते हैं, पचास साल के भी टूटते हैं और जो रिश्ते नहीं टूटते तो वो नहीं टूटते, उम्मीद और विश्वास पर दुनिया कायम है, मैं इस बात को मानता हूँ, लेकिन उम्मीद और विश्वास पर ही दुनिया टूटती है।

# 10

# दूर का रिश्ता

अगर एक कड़वा सच कहूं तो ज़्यादा फ़र्क़ नही होता है एक बिज़नेस में और हस्बैंड वाइफ के रिलेशनशिप में, बिज़नेस की शुरूआत भी पेपर वर्क से शुरू, शादी की शुरूआत भी पेपर वर्क से शुरू और बिज़नेस में भी टर्म & कंडीशन और रिलेशन में भी टर्म & कंडीशन, बिज़नेस में पैसे के बदले आपको सर्विस देनी होती है और रिलेशनशिप में प्यार के बदले आपको इज़्ज़त, अगर तुम यह सब नहीं करोगे, तो कितना भी बड़ा बिज़नेस हो या रिश्ता हो खत्म तो होना ही है, बिज़नेस हो या रिश्ता रिस्क तो अब सब जगह आपको देखने को मिल जाएगा डिपेंड करता है के आप अपनी जिंदगी में रिस्क मैनेजमेंट कैसे करते हो, डिपेंड करता है के आप इस दूर के रिश्ते में आज़ादी चाहते हो या सुरक्षा, अगर इस दूर के रिश्ते में आप सुरक्षा चाहते हो तो आपको आज़ादी मिलने के चांस कम हो जाते हैं और अगर आप अपने इस दूर के रिश्ते में आज़ादी चाहते हो तो आपको सुरक्षा मिलने के चांस कम हो जाते हैं, अगर आप दोनों ही एक साथ चाहते हो यानी आज़ादी और सुरक्षा तो बस यह आपका एक ख्वाब ही बनके रहेगा और इससे ज़्यादा कुछ नहीं, और इज़्ज़त तो आज के रिलेशनशिप मैंने देखी ही नहीं, कहीं किसी होटल में लड़की को कपड़े उतार कर अपना प्यार साबित करना होता है तो कहीं किसी लड़के को अपने प्यार का प्रूफ अपनी गर्लफ्रेंड को शॉपिंग करा के देना होता

है, कभी लड़के को धोकेबाज़ लड़की मिल जाती है, तो कभी लड़की को लड़का धोकेबाज़ मिल जाता है, अब में बात करता हूँ में लॉन्ग डिस्टेंस रिलेशनशिप (Long Distance Relationship) की, तो इस रिश्ते में तुम कभी नहीं जाना, क्योंकि पाउडर से बनाई गयी बॉडी और सोशल मीडिया से पटाई गयी लड़की कभी काम नहीं आती लेकिन यह विचार मेरा नहीं है, यह एक जोक है बस इसके अलावा कुछ नहीं, लेकिन जैसे यह एक जोक है वैसे ही आज के वक्त में लॉन्ग डिस्टेंस रेलनशिप बस एक जोक ही है, लोगो ने मज़ाक बना दिया है इस रिश्ते का यानी दूर का रिश्ता जिसको एक इंसान कभी-कभी सच्चे दिल से निभाता है और जो दूसरा इंसान है वो अपने दोस्तों का एक ग्रुप बना कर उस रिश्ते का मज़ाक बना रहा होता है, जैसे के देख भाई या एक देख बहन इस पागल को पता ही नहीं है के में इसका प्यार में काट रहा हूं और यह पागल को लगता है के में इसको सच्चा प्यार करता हूं, तो कुछ लोग अपनी रातें काटने के लिए सोशल मीडिया पर Long Distance Relationship बना लेते हैं और उन काली रास्तों में किसी के प्यार का किसी की फीलिंग्स का बस एक व्यापार होता है, सिर्फ और सिर्फ अपने मतलब के लिए, लेकिन में यह नहीं कह रहा के सब लोग ऐसा ही करते हैं कुछ लोग ऐसे भी हैं जिन्होंने शादी भी की है, किसी ने की किसी लड़की को अपनी वाइफ बनाया है तो किसी ने किसी लड़के को अपना हसबैंड, वैसे ज़्यादातर सोशल मीडिया पर बाबू शोना ही होता है और अचानक प्यार तोतला हो जाता है, जैसे के मेरे बाबू ने थाना थाया क्या, अगर हाँ तुम जा रहे हो लॉन्ग डिस्टेंस में, तो तब जाओ जब तुम दोनों को एक दूसरे से शादी करनी हो, और एक दूसरे को तुम ने इतना समझ लिया है के जितना तुम्हें कोई नहीं समझता है इस दुनिया में और तुम्हारे हालात ऐसे हों के तुम बहुत दूर रहते हो एक दूसरे से और तुमने उस इंसान को यह महसूस और भरोसा करवा दिया हो के तुम्हारे जितना प्यार उसको कोई भी नहीं कर सकता और तुम उसकी बहुत इज़्ज़त करते हो, शादी ही तुम्हारा मकसद हो, तो तब तुम्हें जाना चाहिए, वरना अपनी फीलिंग्स हर्ट करवा के या दूसरे की फीलिंग से खेल कर मिलना तो तुम्हें कुछ नहीं है, एन्ड में फीलिंग के साथ खेलने वालों की इज़्ज़त दो कोड़ी की हो जाती है जब

वक्त आता है और वक्त की जो मार होती है उस में आवाज़ तो नहीं लेकिन दर्द बहुत होगा उस इंसान को जिसके लिए दूसरों की फीलिंग बस एक खिलोना है, अगर वो लड़की है तो उसकी औकात सिर्फ बिस्तर तक है, उस लड़की की ज़ुल्फ़े नहीं सबारी जायेँगी प्यार से, अगर वो लड़का है तो उसकी औकात किसी गली के आवारा कुत्ते जैसी है उसकी वाइफ उसे अपनी गोद में नहीं सुलाएगी, उसके सर पर हात नहीं फेरे जायेंगे, क्योंकि मर्द अपना अगर बदला लेता है तो उसके बदले में आवाज़ होती है और जब औरत अपना बदला लेती है तो उसके बदले में एक खामोशी होती है, तो में मानता हूं के Long Distance Relationship तब कामयाब होता है जब उसमें से Distance जो शब्द है उसको दोनों प्यार करने वाले एक दूसरे का साथ देकर उसको निकाल देते हैं, तब जाके Long Distance Relationship कामयाब है वरना नहीं अगर दो पार्टनर Financially Independent and Mentally Strong हैं और जो एक दूसरे को हद से ज़्यादा समझते हैं जो एक दूसरे पर बोझ नहीं बनते, तो उन लोगों का Long Distance Relationship कामयाब होने के ज़्यादा चांस होते हैं, यह Long Distance Relationship कोई मज़ाक नहीं है इस रिश्ते में हनेशा अपने साथी की कमी आपको सताती रहती है, जब आप किसी जगह या मॉल में या कहीं भी किसी दूसरे कपल को देखते हो तो आप खुद को इमेजिन करने लगते हो और सोचते हो के काश में भी उसका हात ऐसे ही पकड़ पाता, शायद वो भी ऐसी ही दिखती होगी और फिर आप की आंखों में मायूसी छाने लगती है और कभी-कभी ना जाने आपको या आपके पार्टनर को जलन होने लगती है उसके दिल में Insecurity और हमेशा अपने पार्टनर को खोने का डर सताता रहता है, एंड में या तो आप Toxic हो जाते हो या वो और आपका यह दूर का रिश्ता खत्म हो जाता है, तो इस दूर के रिश्ते में आपको अपने पार्टनर को रोज़ Special फील कराना होता है, रोज़ टाइम देना होता है, रोज़ एक्टिव होना होता है और दो चीज़ जो इस रिश्ते में करनी होती है जो हर कोई नहीं कर पाता ना रीयल लाइफ में ना लॉन्ग डिस्टेंस रेलनशिप में तो बहुत कम लोग हैं जो ऐसा कर पाते हैं के अगर तुम उससे दूर हो तो उसको एसा फील कराना के तुम अभी इस वक्त उसके पास हो, अभी इस पल में उसके पास हो, और

वो अकेला नहीं है और सबसे मुश्किल इस रिश्ते में यह होता है के अगर आपके पार्टनर को उसके दोस्त उसके आस-पास वाले जितना समझते हैं उनसे भी कई ज़्यादा आपको समझ ना होता है दूर रह कर उस इंसान को जो अभी आपके साथ Long Distance Relationship में है, तब जाकर यह जो दूर का रिश्ता है कहीं टिक पाता है और अगर आप अपनी जिंदगी के फैसले खुद नहीं ले सकते तो आप इस रिश्ते के बिलकुल काबिल नहीं हो और अगर आप इस तरह के फैसले ले सकते हो के अगर मेरा फैसला गलत हो या सही तो इसका ज़िम्मेदार सिर्फ में ही रहूंगा और अगर मेरे साथ जिंदगी में कोई हो ना हो मुझे कोई फर्क नहीं पड़ता अगर कोई मेरे साथ कोई नहीं रहेगा तो में रहूंगा मेरे साथ शायद तब जाके तुम इस दूर के रिश्ते के काबिल हो सकते हो।

आप का यह जो दूर का रिश्ता है, यह तब कामयाब हो जाएगा जब आप दोनों खुद मिलके इस रिश्ते में Distance जो शब्द है उसको हटा दोगे और फिर आपका यह दूर का रिश्ता जो है वो फिर Long Distance Relationship से Long Relationship बन जाएगा अगर आप दोनों प्यार करने वाले ऐसा चाहते हो तब।

# 11

# एक Toxic रिश्ता

जो मैं सोचता हूँ जो मैं फील करता हूँ मैं वो बातें बताने वाला हूँ, हो सकता है तुम्हें तुम मेरी बातो से ऐग्री कर जाओ या हो सकता है तुम मेरी बातों से डिसऐग्री कर जाओ जैसे एक सिक्के के दो पहलू होते हैं हेड और टेल ठीक वैसे ही टॉक्सिक रिलेशनशिप के बारे में मैं जो सोचता हूँ, वो यह है कि तुम जब टॉक्सिक रिलेशनशिप में होते हो तब तुम्हें पता नहीं होता के तुम टॉक्सिक रिलेशनशिप में हो, जब तुम वहाँ से निकल जाते हो जब तुम्हारा ब्रेकअप होता है और तुम अकेले अपनी लाइफ खुशी-खुशी जी रहे हो अब तुम्हें पता चलता है के वो जो रिलेशनशिप था, वो टॉक्सिक था या तुम किसी और के साथ रिलेशनशिप में चले जाते हो और तुम्हें वहाँ जाकर पता चलता है और फील होता है अंदर से कि रिलेशनशिप में जाना इतनी भी बुरी चीज़ नहीं है इतना भी खराब नहीं है, कोई पाप नहीं है, कोई तुमने जुर्म नहीं कर दिया है अगर तुम किसी के साथ रिलेशनशिप में चले गए हो तो यह रिलेशनशिप ऐसी कोई गन्दी चीज़ नहीं है, अपोज़िट जेंडर की जो फीलिंग होती है वो एक अलग ही होती है कमाल की होती है तो रिलेशनशिप का मतलब होता है खुश होके के जीना, जैसे दो लोग अपोज़िट जेंडर के हैं खुशी-खुशी ज़िंदगी को जी रहे हैं, हर चीज़ अच्छी लग रही है रिश्ते में और रिलेशनशिप जाने का एक अच्छा फायदा यह होता है कि तुम्हें कुछ चीज़ों का एक नया एक्सपीरियंस होता है, कुछ चीजें होती हैं जो तुम्हें अच्छी नहीं लगती, जैसे तुम्हें पानी पूरी खाना

पसंद नहीं है लेकिन हो सकता है तुम्हें उसके साथ पानी पुरी खाना अच्छा लगे, हो सकता है तुम्हें घूमने जाना अच्छा नहीं लगता है लेकिन उसके साथ घूमने जाना अच्छा लगे तो वही होता है, तो रिलेशनशिप टॉक्सिक कब बन जाता है और यह हो कब जाता है, टॉक्सिक रिलेशनशिप के बारे मैं यह सोचता हूँ कि टॉक्सिक रिलेशनशिप में एक बंदा दिमाग से काम लेता है और दूसरा बंदा दिल से काम लेता है जो दिमाग से काम ले रहा है वो बुरा नहीं है, वो कोई बुरा इंसान नहीं है, लेकिन जो दिल से काम ले रहा है वो थोड़ा सा बेवकूफ है, वो बहुत ज़्यादा प्यार करता है और कहीं ना कहीं यह सच है कड़वा है लेकिन है जो दिमाग वाला बंदा रहता है वो दिल से सोचने वाले बंदे को मजबूर करता है कि तुम सिर्फ दिल से सोचो सिर्फ दिल से, तुम दिमाग नहीं लगा सकते हमारे रिलेशनशिप के अंदर अगर तुम दिमाग लगाओगे इस रिश्ते के अंदर तो मतलब तुम उसे प्यार नहीं करते, वो दिमाग से सोचने वाला इंसान यह के रहा होता है के नहीं तुम मुझसे प्यार नहीं करते ऐसे कैसे मतलब तुम दिमाग लगा रहे हो, तो कहने का मतलब यह है के एक के पास फुल फ्रीडम होगी और वो कहीं भी जा सकता है, कहीं भी घूम सकता है, उसकी मर्ज़ी होगी तब वो बात करेगा, और अगर जब बात नहीं कर रहा है तो उस इंसान के पास काफी सारे रीज़न होंगे, जो दूसरा है उसके पास यानी लड़का या लड़की एक के पास कुछ भी नहीं होगा, ना फ्रीडम होगी और अगर कुछ अनजाने में गलती भी हो गई तो दिल से सोचने वाले इंसान को माफी मांगना पड़ती है के गलती से हो गया मुझे माफ करदो, तो इस रिलेशनशिप के अंदर क्या होता है के एक बंदा जो गलत है वो गलत हो कर भी गलत नहीं है, उसकी सारी बातें जो गलत हैं वो सही हैं और जो बातें बहुत ज़्यादा गलत हैं वो भी सही हैं जैसे एक लड़का जिसकी गर्लफ्रेंड है जिसकी बातें सही हैं फिर भी वो भी गलत हैं और जो बातें बहुत ज़्यादा सही हैं वो भी बहुत ज़्यादा गलत हैं, मतलब एक का झूठ सिर्फ झूठ है प्यारा सा झूठ और झूठ तुमसे इसलिए बोला गया है अगर कोई बंदा या बंदी है जो तुमसे झूठ बोल रहा है वो इसलिए बोला गया है क्योंकि उसमें तुम्हारी भलाई है, क्योंकि उससे तुम्हें दुख ना पहुंचे इसलिए वो झूठ बोल रहा है, तो एक का झूठ, झूट है और दूसरे का झूठ फरेब है, एक बंदे का झूठ सिर्फ झूठ

वो भी प्यारा सा और एक बंदे को मजबूरी में झूठ बोलना पड़े तो वो बहुत बड़ा धोखा, टॉक्सिक रिलेशनशिप में जब लड़का और लड़की रहते हैं तो लड़का अगर किसी भी टॉक्सिक रिलेशनशिप में रहेगा तो वो सिर्फ हवस और अपने मतलब के लिए रहेगा या सिर्फ Physical होने के लिए और कोई भी लड़का यह दावा करता है के नहीं मैं तो True Love करता हूँ इसलिए मैं टॉक्सिक रिलेशनशिप में था तो मैं आगे क्लियर कर दूंगा के मैंने कहा ना हेड और टेल ऐग्री और डिसऐग्री और जब एक लड़की टॉक्सिक रिलेशनशिप में अगर रहेगी तो वो सिर्फ इसलिए रहेगी कि वो True Love करती है हां यह बात थोड़ी कड़वी है लेकिन हाँ है लड़की टॉक्सिक रिलेशनशिप में इसलिए रहेगी क्योंकि वो True Love करती है, वरना तुम्हारे पिछवाड़े पर दो, लात मार के फट से भगा सकती है और झट से कोई दूसरा लड़का पटा सकती है, लड़की कभी लोड नहीं लेगी अपने माइंड पर, लड़की तो कभी लोड नहीं लेती वो सिर्फ तुम्हारी गलियां इसलिए सुन सकती है कि वो जो तुम्हारी फ्रस्ट्रेशन जो होती है वो लड़की इसलिए सुन सकती है क्योंकि वो तुमसे ट्रू लव करती मैं इसकी बात नहीं कर रहा हूँ की लड़की जो पैसे पर मरती है, जो इधर-उधर मुँह मरती है मैं उनके बारे में बात भी नहीं कर रहा हूँ ना मैं उस लड़के के बारे में बात कर रहा हूँ जो हर जगह मुँह मार ता फिरता है, नहीं यह बात उस बात से थोड़ी अलग लेवल की है, जैसे वो एक आशिकी चल रही होती ना टॉक्सिक वाली कुछ वैसे ही, जैसे कि एक ट्रू रिलेशनशिप एक लड़का लॉयल खुद को समझता है, और लड़की भी खुद को लॉयल समझती है उसके ऊपर मैं बात कर रहा हूं, अब आते हैं उस उस बात पर की लड़का टॉक्सिक रिलेशनशिप में क्यों रहता है वो अपने मतलब के लिए रहता है सीधी सी बात है या फिजिकल होने के लिए, मैं एक एग्जाम्पल आपको बताता हूँ के मैं किसी लड़की से बहुत ज़्यादा प्यार करता हूँ, ट्रू लव करता हूँ, बहुत-बहुत ज़्यादा प्यार करता हूँ ठीक है, मैं उसके बिना नहीं रह सकता अगर वो हफ्ते या दो हफ्ते कहीं चली जाए तो मैं खाना नहीं खा पाता या उससे बात किए बिना मैं खाना नहीं खाता यह कंडीशन है, लेकिन उसके साथ रिलेशन में रहना पड़ता है और जब मैं उसके साथ हूँ तो मुझसे मेरी फ्रीडम छीन ली जाती है और एक सवाल का जवाब मुझे दस तरीके से

देना रहता है, और दस तरीके से देने के बाद सौ तरीके से और देना रहता है, तीसरा, मेंटली तौर पर टॉर्चर बहुत ज़्यादा किया जा रहा है हर दिन का एक नया रबड़ी रोना चल रहा है, और सबसे ज़रूरी बात के मेरे माइंड में एक अजीबोगरीब चीजें भरी जा रहीं हैं जैसे होते हैं ना काफी लड़को या लड़की के मामले में होता है के लड़का या लड़की उन्हें यह बताती हैं के तुम्हारे जितने भी भी दोस्त है वो सब आस्तीन के सांप हैं, तो मैं अपने दोस्तों से किनारा कर रहा हूँ, जो मेरी एक ओरिजनल और रीयल पर्सनैलिटी है या हो सकता है मैं बाल बिखरे हुए रखता हूँ या हो सकता है किसी भी तरह से मुझे चेंज किया जा रहा है, मैं जो हूँ ही नहीं और मुझे वो बनाया जा रहा है, जैसे के आप पेंटर बनना चाहते हो और आपको आपके ही गोल और टारगेट से भटकाया जा रहा है और तब जाके वो मुझे प्यार करेगी के मैं उसकी एडवाइज़ को अपना गोल और जिंदगी का मकसद बना लूं तब जाके वो लड़की साथ रहेगी वरना नहीं रहेगी अगर तुम ऐसा नहीं करोगे तो फिर तुम अपने रास्ते वो अपने रास्ते, फिर यह टॉक्सिक से शायद थोड़ा सा अलग लेवल में भी चला गया तो शायद मैं मना कर दूंगा नहीं होता, फिर हफ्ते दो हफ्ते का मेंटली टॉर्चर झेल लेंगे ठीक है भाड़ में जाने दो लेकिन ज़िंदगी भर का नहीं झेल सकते नहीं तो बाद में हो सकता है जब एक साल, दो साल, तीन साल, चार साल बाद में कभी जो आपका रिश्ता टूटता है, तो मैं पागल ना घोषित किया जाऊं मैं पकड़-पकड़ के किसी को पत्थर ना मारूं और मैं रिलेशन से चिढ़ने ना लग जाऊं, कहीं मुझे किसी लड़के या लड़की को देख कर जलन न हो जाए कि देख लड़का लड़की आपस कैसे साथ हो सकते हैं और रिश्ते नाते सब बकवास हैं, तो मैं उस लेवल पर नहीं पहुंचना चाहता, इन सबके बावजूद भी कोई लड़का है जो टॉक्सिक रिलेशनशिप में है और वो यह दावा करता है कि मैं उस लड़की से True Love करता हूँ, तो लोग तो साइको भी होते हैं, तो मैंने देखा है कि कुछ मेरे फ्रेंड भी हैं, जो की फिजिकल होते हैं और उसके बाद उन दोनों में झगड़ा हो जाता हैं लड़ाई हो जाती है, सोचो किस लेवल की टॉक्सिसिटी भरी हुई है या किस लेवल का पागलपन है कि जब तुम फिजिकल हो रहे हो लड़का और तुम एक दूसरे से फीलिंग शेयर कर रहे हो, तुम बॉडी शेयर कर रहे हो, तुम्हें पता भी कैसे चल रहा है और तुम

वहाँ तक पहुँच भी कैसे पा रहे हो के दो महीने पहले या तीन महीने पहले यह किया था वो किया था लेकिन उस वक्त तुम्हारा फिजिकल होने से पहले झगड़ा होना लाजिमी है उसको तो मैं समझ सकता हूँ के ठीक है तुम दोनों में झगड़ा हो गया और उसके बाद में सब कुछ नॉर्मल, लेकिन फिजिकल (Physical) होने के बाद ऐसे कैसे, मैंने तो होने से पहले लड़ाई सुनी थी लेकिन होने के बाद ऐसे कैसे में समझ ही नहीं पा रहा हूं तो पता नहीं यह चैप्टर कहाँ तक पहुँच पाया, कहाँ तक नहीं पहुँच पाया और मुझे ज़्यादा टॉक्सिसिटी के उस लेवल का तजुर्बा नहीं है, क्योंकि मैं ज़्यादा लोड लेता नहीं एक तो इज़्ज़त करना सीखो लड़का हो या लड़की हो या फिर वो गे की एक फीलिंग हो या लेस्बियन की फीलिंग हो, कम से कम इज़्ज़त करना सीखो इस दुनिया में फीलिंग्स चारों की सेम है, लड़का हो या लड़के गे लेस्बियन दुनिया करे ना करे लेकिन कम से कम तुम अपनी फीलिंग्स की रिस्पेक्ट करो खुद पर प्राउड फील करो के अगर तुमने प्यार किया है और तुम्हें धोखा भी मिला है तो कोई दिक्कत नहीं है अगर तुम से कोई प्यार करता है, तुम्हें उस वक्त छोड़ के चला गया तो उसके जाने के बाद खुद को इतना काबिल बना लो बेहतरीन बना लो के जब ज़िंदगी में कभी भी मुलाकात हो या ना भी हो उसे पता चले तो कम से कम वो इस फैसले को लेकर बहुत पछताए या रोए या फिर वो बोले के मुझसे गलती हो गई, मैं यह नहीं कह रहा हूँ के तुम उससे बदला लो, लेकिन खुद इतनी मेहनत कर लो के जो इंसान तुम्हें इस वक्त छोड़ के जा रहा है वो जब तुमसे अगर पांच या दस साल बाद मिले वो यह ना कहे के वो सही था और तुम गलत थे, कोई भी तुम्हें गलत साबित करे तो मत करने दो कहने का मतलब यही था के जब एक इंसान किसी दूसरे इंसान के साथ रिश्ते में होता है और रिश्ते में एक झगड़ा ऐसा भी होता है के उस इंसान को अपने पार्टनर की बात इतनी बुरी लग जाती है और वो उस बात को दिल से लगा लेता है और अपने ख्यालों को फीलिंग को दिल में रखता है और उसके ख्याल और उसकी खुद की फीलिंग उसे इतना उलझा देती है के इसके बाद जब वो उस इंसान के साथ अपने रिश्ते को वापस से निभाता है तो बस वो उस रिश्ते को घसीट ता है फिर वो निभा नहीं पता कुछ समझ नहीं पाता, और फिर रिश्ते में एक नई चीज़ आ

जाती है और उस चीज़ को यह दुनिया **मतलब** के नाम से जानती है, एक लड़के का रिश्ता तब टॉक्सिक हो जाता है जब वो उस लड़की से प्यार के साथ-साथ जिस्म की हवस और अपना मतलब रखने लग जाता है, लेकिन एक लड़की का रिश्ता तब टॉक्सिक हो जाता है जब वो उस लड़के की इन सब बातों को जान लेती है और यह सब जानते हुए भी वो लड़की उस लड़के के साथ रहने लगती है और बस एक उम्मीद में, नहीं-नहीं एक झूठी उम्मीद में के सब ठीक हो जाएगा।

रिश्ते में एक मोड़ ऐसा आता है जब एक कह नहीं पाता और दूसरा समझ नहीं पाता तो मुस्कुराइए जनाब रिश्ता खत्म हुआ।

# 12

# वक्त

अगर तुम्हें तुम्हारी ज़िंदगी में तुम्हारा कोई अपना छोड़ के जा रहा है, तो जाने दो वो इंसान है अपनी औकात दिखाएगा और वो तुम्हारे दिल की धड़कन नहीं है कि वो चला गया तो तुम मर जाओगे और उसके जाने के बाद तुम्हारी धड़कनें रुक जाएंगी, यह जिंदगी है और इस ज़िन्दगी में वक्त-वक्त पर लोग तुम्हारी ज़िंदगी में आएंगे और वक्त-वक्त पर लोग तुम्हारी ज़िंदगी से चले भी जाएंगे और वक्त भी नहीं रुकेगा और अगर आप को एक तरीका आता है तो लोग तुम्हें कभी छोड़ के जाएंगे तो आप लोगों को कभी मत बताना कि तुम उनके काम नहीं आ सकते या अब तुम उसके काम के नहीं रहे तो लोग तुम्हें छोड़कर नहीं जाएंगे, यह मैं सोचता हूँ ऐसा ज़रूरी नहीं कि हर कोई यह सोचे और यह भी ज़रूरी नहीं के तुम भी यही सोचो, तो आज हम वक्त के ऊपर ही बात करेंगे और लोगों के ऊपर बात करेंगे कि वक्त चला क्यों जाता है, लोग बदल क्यों जाते हैं या फिर वक्त क्यों बदल जाता है लोग क्यों चले जाते हैं, तुम्हें जिंदगी में कोई छोड़ के चला गया है तो इसका यह मतलब नहीं है कि तुम्हारी ज़िंदगी वहीं रुक गई है समझ लेना की जिंदगी में एक नया मोड़ आया है और ज़िंदगी के रस्तों में मोड़ आते रहेंगे और तुम उसके जाने का गम मनाओगे फिर तुम और गम मनाओगे कि तुम्हारे अपने चले गए और फिर तुम गम मनाओगे कि तुमने अपने वक्त को उसपे

बर्बाद कर दिया जो तुम्हें छोड़ के चला गया है, तुम्हें शायद उस वक्त को उस इंसान पर बर्बाद नहीं करना चाहिए था, लेकिन जो तुम्हारे पास अभी इस वक्त है वो क्या है? यह भी तो एक वक्त है, इस वक्त के अंदर क्या तुम खुश नहीं रह सकते उन अपनों के जाने का क्या गम मानना जो कभी अपने थे ही नहीं, सिर्फ नाम के अपने थे, मैंने वक्त के ऊपर एक बहुत ही अच्छी लाइन सुनी थी कि वक्त को कोई नहीं देख सकता उसका कोई चेहरा नहीं होता, लेकिन वक्त अच्छे अच्छों के चेहरे दिखा देता है, अक्सर हम Temporary चीज़ो की तरफ ज़्यादा भागते हैं फिर वो चाहे खुशी हो या फिर वो प्यार हो जो हमें बहुत ज़्यादा अट्रैक्ट कर जाता है कुछ पल की खुशी के लिए हम जिंदगीभर का गम उधार ले लेते हैं, कुछ लोग होते हैं इस दुनिया के अंदर जो ब्रेकअप के बाद में एक कमरे में खुद को कैद कर लेते है, उदास हो जाते हैं, रोते हैं और फिर वो धीरे-धीरे आदत बन जाती है, लेकिन क्या पता ठीक उसी वक्त जिस वक्त तुम कमरा बंद करके अंधेरे में रो रहे हो ठीक उसी वक्त, वक्त तुम्हारे दरवाज़े के बाहर ढेर सारी खुशियां लेकर खड़ा हो कभी-कभी वक्त क्या है दस्तक नहीं देता हमें अंदर से महसूस करना होता है और उस दरवाज़े तक जाना रहता है और खोल देना होता है, यकीन मानो यार, यह कल्पना भी हो सकती है थोड़ी बहुत, लेकिन थोड़ा सा तो यकीन करना होगा कि कोई तो है जो हमें हमसे ज़्यादा प्यार करेगा

कोई तो है जो हमें हमारी तरह प्यार करेगा, दुनिया में कहीं तो होगा बस हमें सब्र रखने की देरी होती है, टाइम लो अगर तुम किसी के साथ रिलेशनशिप में जा रहे हो तो यह जो वक्त है यह सबसे बड़ा बलवान ऐसे ही नहीं है हफ्ता दो हफ्ता या ढ़ाई दिन मत लो एटलिस्ट टाइम लो महीने दो महीने आज की डेट में तो दो महीने भी बहुत-बहुत हाई लेवल पर बात बोली मैंने दो महीने का तो चाहे वो दिल देने की बात हो ठीक है या फिर जिस्म की बात हो, जिस तरह से मोहब्बत में कपड़े उतरवाए जाते हैं तो वैसे टाइम लो इतनी इतने आलसी मत हो जाओ और यह बात लड़के के ऊपर भी है और लड़की के ऊपर भी मैं उस इंसान की बात नहीं कर रहा हूँ जो हर जगह मुँह मारता है वक्त और ज़िंदगी एक ही सिक्के के दो पहलू हैं जहाँ तक मुझे लगता है तो एक स्टोरी के रूप में तुम्हें बताता हूँ, अभी

कल की बात है मेरी एक लड़की से बात हुई, फिर ज़्यादा बात हुई, फिर मुलाकात हुई फिर हम दोनों मिले मतलब एक दूसरे को जानने लगे पास आए फिर हम दोनों बहुत ज़्यादा पास आए फिर हम दोनों करीब आए फिर हम दोनों ने वो सब कुछ किया जो करना चाहिए फिर वो मुझे छोड़ के चली गयी पहले तो प्यार हुआ, इकरार हुआ और जीवन साथी बना के वो मुझे एंड मैं छोड़ के चली गयी, मैं उदास रहा हूँ बहुत, मैंने कमरा बंद कर लिया, दुनिया से नाता तोड़ लिया, मैं बहुत रोया और वो मेरी धीरे-धीरे आदत बन चुकी थी, फिर वो जो गम अंदर से फील होता है कि बहुत ज़्यादा गम आ गया जिंदगी में घबराहट डिप्रेशन और मैं जब गम को नहीं भुला पाया तो फिर मेरे दिल से आवाज़ आती है और मैंने अंदर से खुद को यह समझाया और समझाता रहा फिर खुद को मैंने बार-बार समझाया, आईने में देखा और सोचा क्या मैं यह था जो में आज हूं, क्या मेरा अपना कोई वजूद नहीं, फिर मैंने सोचा क्यों ना उन अपनों के साथ खुश रहा जाए जो मेरे पास हैं उनकी खुशी में खुश रहा जाए इससे अच्छा और क्या हो सकता है यकीन मानो इतना बुरा तो उस वक्त नहीं लगा था जब वो छोड़ के गयी थी जितना बुरा उस वक्त लग रहा था कि अब कोई अपना पास में रहा ही नहीं था, अब कोई अपना पास में नहीं था, मैं वक्त से एक सवाल पूछना चाहता हूँ, क्या यह वक्त किसी को किसी के पास रुकने की बेवजह इजाज़त नहीं देता और फिर यह ख्याल भी आता है कि हम कितनों की खातिर रुके हैं, हम तो उन अपनों के जाने का गम मनाते हैं जो हमारे अपने नहीं थे, जो लोग हमारे पास थे उनकी ना तो कद्र की ना उनके जाने का अफसोस किया, कितना मतलबी होता है इंसान जब वक्त खुद का अच्छा होता है तो खुद मतलबी और जब वक्त बुरा आए तो लोग मतलबी, हम अक्सर जिंदगी में एक ही गलती करते हैं जो मैंने फील किया है, जो मैंने सीखा है, सही भी हो सकता है और गलत भी हो सकता है के हम अपने कल को खुश रखने के लिए अपने आज को दुखी कर देते हैं और हमें पता है हम यह बात अंदर से जानते हैं कि कल कभी नहीं आता है, कल किसी का भी नहीं आता है हम जिस कल की तलाश में हैं वो हम जी रहे हैं, हम कल को खुश करने के लिए आज को दुखी कर रहे हैं, जब हम कल में पहुँच जाएंगे और तुम कल में पहुँच जाओगे, तो

तुम्हारा कल भी आज बन जाएगा और जो यह आज है यह गुज़रा हुआ कल बन जायेगा तो अगर आज हमारे पास कुछ है तो वो है गुज़री हुई यादें कुछ लोग जो हमारे बीते दिनों में साथ थे, कुछ ज़ेहन के अंदर अच्छी यादें, बुरी यादें, कुछ डरावने सपने, कुछ अनजानी हकीकत, कुछ ऐसे ही लेकिन वो कल नहीं होगा हमारे पास, हम कल को बेहतर कब बना सकते हैं जब हमारा आज अच्छा हो, तो अगर हमें कल को बेहतर बनाना है तो आज से शुरुआत करनी होगी कि जब हमारा आज अच्छा हो जाएगा तो हमारा आने वाला कल अपने आप अच्छा हो जाएगा।

# 13

# ब्रेकअप रिवेंज

ज़िंदगी के अंदर तुम किसी से प्यार करते हो, बहुत ज़्यादा प्यार करते हो फिर अलग हो जाते हो, रिश्ता है, टूट ता रहता है ज़िंदगी के हर एक मोड़ पर अलग अलग रास्ते आते रहते हैं, आख़िर मुसाफिर कब तक ईमानदारी दिखाएगा और ईमानदारी दिखाने वाला भी कब तक ईमानदारी दिखाएगा, लेकिन इंसाफ़ और बदले में फर्क होता है, इंसाफ़ वक्त के साथ कहीं ना कहीं ऊपर वाला कर देता है, लेकिन पता नहीं लोग इतने महान क्यों होते हैं कि वो बदला लेना चाहते हैं मेरा यकीन मानो बदला लेना सबसे घटिया तरीका है, सबसे बेकार तरीका है सबसे बोरिंग तरीका है और सबसे फालतू तरीका है, माफ़ करके इग्नोर कर देने में जो मज़ा है ना जो उसका सुकून है वो तुम्हें कहीं नहीं मिलेगा जिस तरह से सक्सेस में सैक्रिफ़ाइस चाहिए ही चाहिए होते हैं, तुम्हें दोस्त अलग करने होते हैं तुम्हारी फैमिली बहुत पीछे छूट जाती है, उसी तरह मोहब्बत में भी कुर्बानी होती है और मोहब्बत कुर्बानी उसी से मांगती है जो इस लायक होता है और कभी-कभी मोहब्बत, मोहब्बत से ही कुर्बानी मांग लेती है और तुम अकेले हो जाते हो, लेकिन यकीन मानो मोहब्बत कुर्बानी इसलिए मांगती है ताकि तुम्हें आगे जाके एक ऐसी मोहब्बत मिल सके कि जो मोहब्बत तुम्हें मिलनी चाहिए थी और जिस मोहब्बत के लायक तुम हो और जिस मोहब्बत के लिए तुम बने हो, मेरी कहानियों में अक्सर एक आग होती है, एक रीवेन्ज लेने की बातें होती हैं मैं सामने

वाले को नीचा दिखाता हूँ, मैं उसे बेवफा बताता हूँ, मैं अपने कैरक्टर को कभी भी लाचार नहीं दिखता बहुत कम ऐसा होता है कि मैं लाचार महसूस करवाता हूँ, मैं नहीं चाहता के कोई भी मुझसे हमदर्दी रखे मुझे इन चीजों से बहुत नफरत है, यह चेप्टर थोड़ा लंबा होने वाला है और प्लीज़ एंड तक पढ़ लेना या फिर नहीं पढ़ना क्योंकि कुछ कहानियां इंसान को अंत में समझ आती हैं के मेरी कहानी की शुरुआत कहाँ से हुई थी।

कुछ लोग होते हैं जो ब्रेकअप के बाद बदला लेना चाहते हैं और बोलते हैं के बदला मुझे लेना है और और उस बदले की वजह से कितनी लड़कियों के चेहरे बिगाड़े जाते हैं जिसको यह दुनिया एसिड अटैक के नाम से जानती है और उस बदले की वजह से कितने लड़के खुद की और अपनी फैमली की जिंदगी रिस्क में डाल देते हैं और इस चीज़ को दुनिया बर्बादी के नाम से जानती है अब में उसी के ऊपर बात करने वाला हूं की बदला लेना चाहिए या नहीं लेना चाहिए, मैं तो यही कहूंगा कि यह मेरा नज़रिया है यह मेरा ओपिनियन है कि बदला नहीं लो यह बहुत घटिया काम है अगर तुम फिल्मों से इंस्पायर होके बदला लेना चाहते हो, जैसे की आज की डेट में युथ बहुत ज्यादा जज़्बाती होता है तो मैं यह कह देना चाहता हूँ के एक लेखक कहानी लिखता है एक एक्टर उसमें एक अभिनय करता है, एक डाइरेक्टर उसे डाइरेक्ट करता है वो एक फ़िल्म बनती है जो आपको मनोरंजन के लिए दिखाई जा रही है तुम उसे देख रहे हो और इंस्पायर हो जाते हो, नहीं वो सिर्फ तीन घंटे की फिल्म है और तुम्हारी जिंदगी बहुत लंबी है फिल्मों से और गानों से इस तरह की हरकतें नहीं सीखा करो और तुम किस तरह का बदला लेना चाहते हो अगर वो तुम्हें छोड़ के चली गयी है पैसों के लिए तो पैसा कमाओ अपने लिए कमाओ ना की उसे दिखाने के लिए और अगर तुम्हें वो इसलिए छोड़ गई है के तुम उसकी फीलिंग्स को समझते नहीं थे और तुम उससे उस तरह का प्यार नहीं करते थे जो कि आज की डेट में बहुत ज़्यादा रीज़न दिया जाता है के तुम मुझे समझते नहीं हो, तो अपने आप को उस काबिल बनाओ कि तुम लोगों को समझ सको सामने वाला कुछ कह नहीं पा रहा है तुमसे, लेकिन वो कहना चाहता है तो तुम समझ सको कि वो

कहना क्या चाह रहा है, अपने ऊपर मेहनत करो, अपने आप को काबिल बनाओ, वो सबसे ज़्यादा अच्छा है, अगर कोई तुम्हारे प्यार को ठोकर मार के चला गया है, तुमसे दूर चला गया तो एटलिस्ट उससे नफरत तो बिलकुल भी मत करो ऐसे अगर तुम नफरत करोगे तो उस इंसान को तुम सही साबित कर दोगे कि तुम अपनी जिंदगी में एक ऐसे इंसान को बहुत ज़्यादा अहमियत दे रहे हो, तो नफरत करने के लिए वक्त का होना बहुत ज़रूरी है अगर आप वक्त निकालोगे नफरत करने के लिए उस इंसान को तो अगर वक्त नहीं होगा तो नफरत भी नहीं कर पाओगे और उस दिन उस इंसान को तुम सही साबित कर दोगे जो तुम्हें छोड़कर गया है, क्योंकि तुम एक ऐसे इंसान के पीछे अपने वक्त को बर्बाद कर रहे हो और उससे नफरत कर रहे हो जिसकी ज़िंदगी में तुम मायने भी नहीं रखते हो, शायद हो सकता है वो एक महीने दो महीने बाद तुम्हें भुला भी दे और उसे याद भी ना हो और तुम यहाँ नफरत की आग में जले जा रहे हो कि नहीं मैं नफरत करूँगा, मैं बदला लूँगा, आज की डेट में वक्त घोड़े पर बैठ के भाग रहा है और बहुत तेज़ी से भाग रहा है तुम उस वक्त को बर्बाद कर रहे हो और पागल हो रहे हो एक ऐसे इंसान के पिछे तो क्या इसका कोई मतलब निकलेगा एंड में जाकर और किस तरह का रीवेन्ज लेना चाहते हो जैसे टपोरी हो गए और वो छपरी टाइप लोग होते हैं के अपनी गली के किसी नुक्कड़ की दुकान पर बैठ गए और चाय की थड़ी पर चाय पी रहे हैं, सिगरेट पी रहे हैं, जिंदगी गुज़र रही है और दोस्तों को बोल रहे हैं कि अब मैं बदला लूँगा, लेकिन मैंने यह भी नहीं कहा के चाय पीना गलत है, एक थड़ी पर बैठना गलत है, लेकिन एक ही सिचुएशन के पीछे पड़ जाना वो बहुत गलत बात है के मैं बदला लूँगा और लोगों से यह कहना कि देखना के वो पछताएगी यहाँ उसे इस दुनियां में दिल से प्यार करने वाला नहीं मिलेगा और तुम बस एक ही बात बोलकर खुद का भी वक्त बर्बाद कर रहे हो और अपने दोस्तों का भी आखिर वो भी आपकी एक ही बात रोज़ कब तक सुन लेंगे हो सकता है आपके ब्रेकअप के बाद वो इंसान उस वक्त अपने फ्यूचर की प्लानिंग कर रहा हो और एक दिन ऐसा भी आ जाएगा के फिर तुम्हारे दोस्त कम होते जाएंगे उसके बाद में एक दिन तुम उसी गली के नुक्कड़ पर या फिर

तो वो नुक्कड़ बदल चुका होगा कोई दूसरी चाय की थड़ी पकड़ लोगे, वहाँ बैठ के तुम वक्त को बर्बाद कर रहे होगे कि मैं बदला लूँगा और अब तुम अकेले हो क्योंकि तुम्हारे दोस्त चाहे कितने भी सच्चे क्यों ना हों वो रोज़-रोज़ एक ही बात को नहीं सुन पाएंगे अगर वक्त के साथ चलते रहोगे तो लोग साथ आते रहेंगे लोग तुम से जुड़ते रहेंगे अगर मैं आज बैठा हूँ और मैं आज के दस साल बाद मैं भी यही सोचूं कि मैं यहीं बैठूंगा या पांच साल बाद भी मुझे कहीं नहीं जाना तो मुझे नहीं लगता के जो लोग आज मेरे साथ हैं वो आगे नहीं बढ़ना चाहते होंगे वो आगे बढ़ जाएंगे, वो चले जाएंगे और यह सब मैं तुम्हें इसलिए बता रहा हूँ क्योंकि यह सब मैं करके देख चुका हूँ, नफरत करने में वो मज़ा नहीं है और ना नफरत में कुछ रखा है वो बिलकुल एक चाय के जैसी है जिसमें चीनी नहीं है, जिसमें अदरक तो बिल्कुल भी नहीं है, बस चाय की पत्ती है, दूध और पानी है वो भी बिकुल बेस्वाद, बिल्कुल बेबुनियाद है इसमें कोई मज़ा नहीं है, सच बताना एक टाइम पर बहुत ज़्यादा गुस्सा आता है के भाई साहब दिल से प्यार करने वाला नहीं मिलेगा उसको मैं उसकी औकात दिखा दूंगा लेकिन फिर सालों बाद में आपको पता चलता है कि किसके लिए इतनी नफरत यह ज़िंदगी है और इस ज़िंदगी में मोड़ आते रहेंगे मुसाफिर कब तक ईमानदारी दिखाएगा अगर आज मैं इस रास्ते पर चल रहा हूँ तो कल को एक मोड़ आ गया तो मुझे मुड़ ना ही पड़ेगा हो सकता है मुझको को दूसरा रास्ता लेना पड़े अगर मैं इन रास्तों से प्यार कर बैठूंगा तो मैं आगे नहीं पहुँच पाऊंगा बस घूमता रहूंगा, कभी रास्तों का पीछा करूंगा, आगे पीछे आता रहूंगा लेकिन अगर मैं ऐसा ही करता रहा तो रास्ते भी बदल जाएंगे और दुनियां भी और मैं वहीं का वहीं रह जाऊंगा, मैंने किताब में एक बात पढ़ी थी कि हम जिंदगी में आगे चले जाते हैं और हम आगे जाके बहुत आगे इसलिए नहीं पहुँच पाते हैं क्योंकि हम वहाँ पर खड़े हो के पीछे की बातों को याद करते रहते हैं, जैसे वाह! क्या दिन थे याद करना ठीक हैं, लेकिन उन यादों को सजा के बिल्कुल रख लेना और खुद को रोज़ उदास करते रहना और फिर सोचना कि पिछले दिन बहुत अच्छे थे तो यह गलत है, सुना था मैंने के जिंदगी तब समझ में आती है जब वो आगे खत्म हो जाती है लेकिन मुझे जिंदगी बहुत पहले समझ में आ गई थी

लेकिन आगे जाके मैंने यह समझा कि जिंदगी तो बहुत पहले समझ में आ गई थी बस में उस से इनकार कर रहा था उस हकीकत से इन्कार कर रहा था उसे अपना नहीं रहा था, ब्रेकअप हो गया, मुझे बदला लेना है लेकिन किस तरह का, वो गाने सुने ही होंगे आपने कि अब उसकी बेस्ट फ्रेंड को पटाऊंगा, तो फिर उसके आगे का क्या वो भी छोड़ गई तो क्या फिर उसकी भी बेस्ट फ्रेंड को पटाओगे और अगर उसकी बेस्ट फ्रेंड नहीं हुई तो क्या करोगे? हर जगह मुंह मारोगे तो फिर तुम्हारी इज़्ज़त क्या रह जाएगी? लड़का हो या लड़की, हर जगह कोई मुंह मारेगा ना तो कोई इज़्ज़त नहीं करता अगर उसका एक लड़कियों का ग्रुप है और उसमें चार लड़कियां हैं और तुम्हारी एक गर्लफ्रेंड है, वो छोड़ के चली गयी, फिर दूसरे पर लाइन मारोगे, दूसरी चली गई तो फिर तीसरी पर तो एक कुत्ते जैसी इज़्ज़त हो जाएगी तुम्हारी अगर ब्रेकअप हो गया तो सिर्फ इतनी सी बात अपने जेहन में रखनी है कि अब मेरा रिश्ता खत्म हो गया है वो सामने वाला अपना देख रहा है, और मुझे अपना ख्याल रखना है, तो यहाँ वक्त के साथ हालात बदलते हैं और हालात के साथ इंसान बदलते हैं, इंसान के साथ रिश्ते बदलते हैं, रिश्तों के साथ इंसान की फीलिंग्स बदलती है और उस फीलिंग्स के साथ इंसान की सोच बदलती है, तो आज जो तुम सोच रहे हो वो दस साल बाद में नहीं हो सकता है कि तुम सोचो एक बार अगर तुम्हारी कोई गर्लफ्रेंड है वो तुम्हें छोड़ के चली गयी ब्रेकअप करके चली गयी तुम्हारे दिल में है कि यार छोड़ के चली गयी मुझे अब बदला लेना है और तुम इस आग में जल रहे हो तो हो सकता है कि तुम ज़्यादा से ज़्यादा क्या करोगे के में बहुत सारा पैसा कमाऊंगा तो यह सब करने की कोशिश कर रहे हैं या फिर अपनी एक्स की जिंदगी तबाह करने की सोच रहे हैं के में सक्सेस होने के बाद में तो बस इससे बदला लूंगा के मेरी महीने की तनख़्वाह इसके साल की तनख़्वाह से ज़्यादा होगी अगर तुम यह सोच रहे हो और तुम अगर उसकी जिंदगी तबाह करने की सोच रहे हो तो तुम बहुत गलत हो और सोचो आज के पांच साल बाद में हो सकता है के वो आपको जिंदगी के कहीं ना कहीं किसी मोड़ पर तुम से मिल और वो तुम्हें देख कर थोड़ा सा मुस्कुरा दे और कहे के कैसे हो तुम और उसकी आँखों में तुम्हें ईमानदारी दिखे उसकी आँखों में तुम्हें कहीं

ना कहीं तुम्हारी ही फ़िक्र दिखे और उसकी बातों से तुम्हें यह पता लग जाए कि नहीं यार जब हमारा ब्रेकअप हुआ था तो वो दर्द तो इसको भी हुआ था लेकिन इसने उन बातों को भुलाकर एक नए तरीके से जिंदगी को शुरु किया जो मैं नहीं कर पाया, तो क्या तुम उससे बदला ले पाओगे क्या ले पाओगे उस इंसान से बदला? अपने आप से किस तरह नज़रें मिला पाओगे कि मैं चार साल से पांच साल से कोशीश कर रहा था की मुझे बदला लेना है और आज भी तुम्हें सब ठीक ही लग रहा है और वो सारी चीजें तुम्हें अब ठीक लग रही हैं और तुम यह सोच रहे हो के जो होता है अच्छे के लिए होता है या हो सकता है कुछ ऐसा हो रहा है कि तुम जिंदगी के उस मोड़ पर उससे दुबारा मिलते हो जो तुम्हें पांच साल पहले छोड़ कर चला गया था और वो तुम्हें देखे और देखने के बाद सोचे और सोचने के बाद वो याद करे कि हाँ मैं जानता हूँ इसको, इससे कभी मेरा रिश्ता हुआ करता था तो ज़रा सोचो तुम एक ऐसे इंसान से नफरत कर रहे हो जिसे पांच साल बाद में याद करना पड़ रहा है कि तुम उसकी जिंदगी में थे, तो ज़रा सोचो के तुमने क्या किया बदला लेने के लिए कितना बुरा लगेगा? कितना ज़्यादा इन्सल्ट फील करोगे तुम कि जिस इंसान से तुम बदला लेना चाहते थे और उस इंसान को तुम याद भी नहीं हो फिर क्या करोगे जो पुरानी फिल्मों के अंदर वो डाकू याद दिलाता था के याद कर बीस साल दो महीने दो दिन पहले तुने इसी वक्त इसी जगह पर मेरी बेइज़्ज़ती की थी मेरा घर उजड़ा था और वो याद करता है और कहता है के हाँ मुझे पता नहीं शायद तब पता नहीं मैंने अपनी ज़िंदगी में बहुत से लोगों के घर उजाड़े थे उनमें से तुम्हारा कौन सा घर चला गया मुझे याद नहीं है और वो कहे के मुझे इसका दर्द है अब में वो नहीं मुझे अब कानूनी तौर पर फांसी होने वाली है मुझे माफ करदो, मैं इस बात से इनकार नहीं कर सकता अगर तुम किसी के साथ रिलेशनशिप में हो, एक अलग हो गया, एक मूवऑन कर गया और तुम नहीं कर पा रहे, तो यह उसकी गलती नहीं है और ना यह दुनिया की कोई समस्या है यह तुम्हारी समस्या है यह बात में तुमसे नहीं के रहा यह बात तुमसे खुद दुनिया कहेगी, जिंदगी में कितने रिश्ते हैं जो जिंदगी भर चल पाते हैं यहाँ लोग शादी के बाद में भी अलग हो जाते हैं तुम्हारा तो फिर भी कुछ साल

दो साल का रिश्ता था मेरे दोस्त का आठ साल का रिश्ता टूट गया जी रहा है वो आज भी और बहुत हैप्पिली जी रहा है शादी कर ली उसने? अब तुम्हें एक फ़िल्म का एग्ज़ाम्पल दे के समझाऊ तुमने वो फ़िल्म देखी है हम दिल दे चूके सनम उसमें एक नंदनी का कैरेक्टर है वो प्यार करता है समीर से लेकिन उसकी शादी हो जाती है वनराज से नंदिनी क्या करती है वो अपने हाथ की नस तक काट लेती वनराज से शादी हो जाने के बाद, वो समीर से प्यार करती है और वो प्यार करना नहीं छोड़ती, तो वनराज समीर तक पहुंच जाता है और नंदनी को समीर से मिला देता है और एंड में जाके नंदनी समीर को छोड़ देती है और वो वनराज की हो जाती है तो उस मूवी में यह दिखाया गया है एक बॉयफ्रेंड कितना भी प्यार करता हो लेकिन एक हिंदुस्तानी नारी के लिए उसका पति ही परमेश्वर होता है तो वो छोड़ देती है समीर को तो बस तुम्हें इतनी सी चीज़ समझनी होगी की आज जो लड़की तुमसे प्यार कर रही है ज़रूरी नहीं कि दो साल बाद में भी वो तुमसे से ही प्यार कर रही होगी और चार साल बाद में भी वो तुमसे ही प्यार करे, तो हर लड़के को में यह कहता सुनता हूं के वो लड़की मुझसे बहुत प्यार करती है लेकिन वो लड़के फिलहाल शब्द लगाना भूल जाते हैं के फिलहाल तो वो लड़की मुझसे प्यार करती है, प्यार तो नंदनी भी करते थी लेकिन वनराज से शादी हो जाने के बाद उस इंसान के साथ रहने के बाद उसकी कुछ बातें अच्छी लगने लग जाती हैं वक्त के साथ सोच भी बदलने लग जाती है बस यही होता है और जिन लोगों को लगता है की मोहब्बत जिंदगी में सिर्फ एक ही बार होती है तो ठीक है मैं इस बात से भी एग्री करता हूँ मोहब्बत तो एक ही बार होती है, बस इंसान बदलता रहते हैं, तुम्हें यह बात माननी पड़ेगी एक लड़का है, एक लड़की है मानो लड़की के साथ चीट करके एक लड़का उसे धोखा दे गया उसे यूज़ करके चला गया और वो अपने आप को बहुत प्राउड फील करवा रहा है कि यार मेरी तो तीन गर्लफ्रेंड थी मेरी चार गर्लफ्रेंड थी तो क्या लगता है आगे जाके वो बंदा उसकी इमेज क्या हो जाएगी? अगर एक लड़की तुमसे प्यार करती है तो तुमने उसे छोड़ दिया वो ट्रू लव करती थी तो भाई नुकसान किसका हुआ? किसका नुकसान हुआ? फिर ज़िंदगी में रिश्ते बदलते रहते हैं, लोग आते जाते रहेंगे लेकिन वो एक इंसान जो

जिंदगी भर टिक सके एक लड़के की लाइफ में या लड़की की लाइफ में तो वो बहुत कम होता है और अगर शुरुआत में ही तुम्हें वो इंसान मिल गया तुमने उसे खो दिया सिर्फ तुम्हारे ईगो की वजह से सिर्फ इस वजह से कि मैं तो प्ले बॉय हूँ या में तो वो लड़की हूँ जो बहुत खूबसूरत हूं मेरे पीछे तो मोहल्ले का हर लड़का फिदा है और आसपास के कॉलेज में मुझ पर लोग मरते हैं और स्कूल में मुझ पर लड़के मरते हैं, मेरे सोशल मीडिया पर इतने फॉलोअर्स हैं, मेरी फोटो पर इतने लायक आते हैं तो वक्त के साथ कहीं ना कहीं जवानी भी ढल जाती है और जब जवानी ढल जाएगी जब बुडापा आएगा जब झुर्रियां आने लग जाएंगी तब क्या होगा? बहुत पहले मैंने एक लाइन लिखी थी बेशक तू मुझे छोड़ना चाहती थी छोड़ देती, उस वक्त छोड़ देती जब मुझे किसी की ज़रूरत नहीं थी लेकिन उस वक्त क्यों छोड़ा जब मुझे तेरी ही सबसे ज़्यादा ज़रूरत थी? बुढ़ापे का मोड़ तो कहीं ना कहीं आएगा उसके बाद क्या होगा और अगर कोई भी लड़की किसी लड़के को चीट करके चली जाती है जो लड़का उससे ट्रू लव करता है तो मेरे ख्याल से सबसे ज़्यादा जिसने जो खोया है उस लड़की ने खोया है और अगर वो सच्चा प्यार लकड़ी करती थी तो लड़के ने खोया है तो इस कहानी का एंड यही निकलता है कि ज़िंदगी है, ज़िंदगी में मोड़ आते रहेंगे, रास्ते बदलते रहेंगे, लोग आते रहेंगे, जाते रहेंगे, प्यार करते रहेंगे, मुसाफिर कब तक अपनी ईमानदारी दिखा सकता है और ईमानदारी दिखाने वाला भी कब तक ईमानदारी दिखाएगा, इंसाफ और बदले में फर्क होता है किसी ने तुम्हारे साथ गलत किया है तो वक्त कहीं ना कहीं उसके साथ भी गलत कर देगा और अगर तुम बदला लेना चाहते हो तो वो सबसे घटिया ख्याल है सबसे बोरिंग काम है और सबसे गंदा तरीका है, यहां अपनी ज़िंदगी को बिताने के लिए सैक्रिफ़ाइस करना पड़ता है और सक्सेस पाने के लिए सैक्रिफ़ाइस करना ही पड़ता है और मोहब्बत में कुर्बानी देनी पड़ती है अगर तुम इस लायक हो कि मोहब्बत तुमसे कुर्बानी मांग रही है और मोहब्बत कुर्बानी के बदले मोहब्बत ही मांग रही थी तो इंतज़ार करो मोहब्बत तुम्हें एक ऐसी मोहब्बत देगी जिस के तुम लायक हो वरना जिंदगी में लोंगो का आना-जाना लगा रहेगा क्या फर्क पड़ता है, कौन आ रहा है, कौन जा रहा है, कौन जी रहा है, कौन मर रहा

है।

# 14

# लड़की का प्यार

क्या तुम्हें पता है कोई भी लड़की तुमसे प्यार कर सकती है इसमें कोई हैरानी की बात नहीं है, इसमें कोई अफसोस करने की बात नहीं है, इसमें कोई घमंड करने की बात नहीं है, लेकिन कोई भी लड़की तुमसे ज़िंदगी भर प्यार करे, यह बहुत बड़ी बात है आज की डेट में तुम किसी से भी प्यार कर लोगे, हो सकता है तुम ज़िंदगी भर प्यार कर लो किसी से या फिर कोई जिंदगी भर सिर्फ तुम से ही प्यार करे तो यह बहुत ज़रूरी है और उसके लिए क्या करना होगा, तुम्हें भी बदले में प्यार देना होगा, उसे टाइम देना होगा, उसकी फीलिंग्स को समझना होगा उसकी बातों को सुनकर उसे सबसे ज़्यादा समझना होगा और सबसे ज़रूरी बात उसकी इज़्ज़त करनी होगी, जो आज के रिलेशन में मैंने देखी नहीं है, अगर तुम उस लड़की की जब इज़्ज़त करोगे तो यह सोचके करो कि तुम अपनी इज़्ज़त कर रहे हो, प्यार के अंदर यह होता है कि तुम जितनी इज़्ज़त दोगे, बदले में उतनी ही इज़्ज़त पाओगे और साथ में प्यार भी, किसी के दिल मैं यह ख्याल आता ज़रूर होगा के प्यार के बदले प्यार देना है तो यह कैसे हो सकता है यह प्यार नहीं यह तो व्यापार हो गया, तो आजकल के बच्चे अक्सर इस तरह के सवाल पूछते रहते हैं, मुझे नहीं पता तुम क्या सोचते हो, किस तरह की सोच रखते हो ना मुझे जानने में कोई इंट्रेस्ट है मैं सिर्फ इतना कहना चाहता हूँ अगर कोई तुमसे प्यार कर रहा है या प्यार कर लेगा लेकिन जिंदगी भर करे उसके लिए तुम्हें भी तो

एफट्र्स डालने होंगे कुछ तो मेहनत करनी ही होगी ना, नहीं तो फिर वो बदले में प्यार नहीं करेगा जिंदगीभर तो नहीं करेगा, कुछ रिश्ते बीच में क्यों टूट जाते हैं शुरुआत में लड़का हो या लड़की हो अट्रैक्शन हो जाता है फीलिंग्स कनेक्ट हो जाती हैं, लेकिन वो ज़्यादा दिनों तक क्यों नहीं टिक पाती क्योंकि सामने वाले की तरफ से कोशिश नहीं होती अगर तुम्हें यह लगता है कि प्यार के बदले प्यार देना व्यापार है तो मैं कह देना चाहता हूँ कि पता नहीं तुम कौन सी दुनिया में जीते हो, हकीकत वाली दुनिया के अंदर आ जाओ तो यह सब जो है वो तो फिल्मों के अंदर होता है या फिर पंजाबी गानों के अंदर होता है जहां पर एक लड़की बिना किसी उम्मीद के और बिना किसी वजह के, बिना किसी मतलब के एक लड़की एक लड़के से ट्रू लव करती है और उस लड़के के पास उसके लिए बिल्कुल टाइम नहीं होता है अक्सर देखता हूँ यह चीज़ और सेम यही वाली स्क्रिप्ट कहीं ना कहीं देखता हूँ के एक लड़की होती है जो शायद पैदा इसलिए होती है ताकि वो उस लड़के को प्यार कर सके जिस लड़के को प्यार का मतलब तक नहीं पता, जो उसकी फिक्र तो बिल्कुल नहीं करता, वो लड़का अमीर होगा और उसके पास बहुत सारी गाड़ियां होंगी और वो लड़की उससे ट्रू लव करेगी और हर शाम को दरवाज़े के बाहर पेड़ की एक डाली के पास खड़े हो कर अपने पिया का इंतजार करेगी क्या पता उस लड़की का पिया उस वक्त अपने दोस्तों के साथ कॉलेज के दिनों को याद कर रहा हो तो यह सिर्फ़ पुरानी हिंदी फिल्मों के अंदर हो सकता है लेकिन रियल लाइफ में ऐसा नहीं होता है, तुम्हें भी पता होगा ऐसा कुछ भी नहीं होता यह जो खूबसूरत सी लव स्टोरी है ना, यह पता है कहाँ अच्छी लगती है यह सिर्फ गानों में अच्छी लगती है, फिल्मों के अंदर अच्छी लगती है, इसको रियल लाइफ में अप्लाई नहीं करते हैं और मैं भी जब गाने देखता हूँ ना तो मुझे बहुत अच्छा लगता है लड़की हो तो ऐसी हो जबकि हकीकत में मुझे भी पता है प्यार के बदले प्यार देना होता है, इज़्ज़त करनी होती है, फीलिंग्स को समझना होता है आज अगर तुम टाइम नहीं दोगे तो उस इंसान को कोई अपना वक्त देगा और वो इंसान बदल जाएगा आपको छोड़ के चला जाएगा, लेकिन अक्सर मुझे एक बात सुनने को मिलती है कि भाई लड़की की पसंद तो घटिया ही होती है, तो मैं कह देना चाहता हूँ

कि लड़की की पसंद कभी भी घटिया नहीं होती है, और घटिया हो भी नहीं सकती, जो ऐसी सोच रखता है लकड़ियों के बारे मैं, तो तुम भी तो कभी किसी लड़की की पसंद रहे होगे और अगर नहीं रहे हो तो मैंने कहा ना लड़की की पसंद कभी घटिया नहीं होती और अगर तुम्हें कोई ऐसी लड़की मिल जाती है, तुम ऐसी लड़की को ढूँढ लेते हो जो तुमसे और सिर्फ तुमसे ही बेइंतहा प्यार करती है और बिना किसी उम्मीद के तुम्हारे हर दर्द को अपना समझ के सह रही है, तो मैं तुमसे एक बात पूछना चाहता हूँ की तुम लड़की को क्यों ढूँढना चाहते हो अपने लिए अगर तुम ऐसी लड़की को ढूँढना चाहते हो कि जैसी फिल्मों में होती है वैसी ही असली जिंदगी में भी हो, तो क्या उसे मोहब्बत करने के लिए ढूँढना चाहते हो या फिर दर्द देने के लिए या अपनी सोच को उसपे थोपने के लिए के जैसा मैं सोचता हूं तू वैसी हो जा, तो पसंद तुम्हारी है तो ज़रा सोचना एक बार इस बारे में और अब बात करते हैं रिलेशनशिप की उस तरफ जो थोड़ा सा डार्क मोड में है तो क्या होता है खूबसूरत रिश्ता और एक खराब रिश्ता एक धागे के इधर होता है एक धागे के उधर होता है, रत्ती भर का फर्क होता है धागे के इस तरफ खूबसूरत और इस तरह बदसूरत, एक रिश्ते में सामने वाले को समझना होता है उसकी बातों को समझना होता है, कोई भी तुम से अगर प्यार कर लेगा तो वो क्या अपनी फ्रीडम खो चुका है, उसे हक नहीं है, आज़ाद रहने का सपोज़ करो एक लड़का है या लड़की आपका सामने वाला पार्टनर अपने दोस्तों के साथ घूमने जाना चाहता है या टाइम स्पेंड करना चाहता है या मूवी देखना चाहता है अपने दोस्तों के साथ, आपका पार्टनर बोलता है के में अपने फ्रेंड सर्कल मैं दो घंटे बीज़ी रहूंगा या चार घंटे बीज़ी रहूंगा या पांच घंटे और सामने वाला पार्टनर उसे समझता है और दो या चार घंटे तक उसे कॉल नहीं करता है और उसके बाद मैं कॉल करता है तो उसकी खुशी से तुम्हें खुशी मिल रही है, तो यह होते हैं कुछ खूबसूरत रिश्ते के फ्रीडम होनी चाहिए, तुम रेत को जितनी ताकत से मुट्ठी में पकड़ोगे ना वो उतनी ही तेज़ी से फिसल जाएगी और एक खराब रिश्ते में क्या होता है अगर आप अपने पार्टनर को कहते हो कि मैं दो घंटे बीज़ी हूँ या तीन घंटे बीज़ी हूँ और उधर से हर पंद्रह मिनट में कॉल आ जाता है या मैसेज आ जाता है तुम थोड़ा सा गुस्सा करते हो और आपका

पार्टनर उधर से मैसेज करता रहता है के आई मिस यू मैं तुम्हें मिस कर रही थी या मिस कर रहा था तुम थोड़ा ज़्यादा गुस्सा करते हो तो उधर से मैसेज आता है के मैं तुम्हारी फिक्र करती हूँ, मैं तुम्हारी चिंता करती हूँ या करता हूँ, तो वो एक टॉक्सिसिटी होती है कहीं ना कहीं, वो एक थोड़ी सी समझ नहीं होती, सामने वाला इंसान इतना पागल हो चुका है कि वो ना तुम्हें जीने देना चाहता है ना वो खुद जीना चाहता है, यह चीजें रिश्ते की शुरूआत मैं अच्छी लग सकती हैं लेकिन हमेशा नहीं लग सकती, लड़का हो या लड़की हो तो वो मच्योर होना चाहिए, हो सकता है तुम्हें मेरी बातें कुछ समझ में आ रही हों कुछ समझ में नहीं आ रही हों तो प्लीज़ चैप्टर को दुबारा पढ़ लेना अब चलते है थोड़ा सा और डार्क साइड में रिलेशनशिप की डार्कनेस जो होती है एक लड़की तुम्हारी फ़ीलिंग तभी समझ सकती है जब या तो सामने वाला लड़का अमीर हो या फिर हैंडसम हो और उसको एक अच्छी लड़की मोहब्बत करती है, जब यह दोनों क्वालिटी एक लड़के के अंदर होगी तो लड़की मोहब्बत उस लड़के से जल्दी कर लेगी यह बात थोड़ी सी कड़वी है यह बात थोड़ी सी चुभ भी सकती है लेकिन हाँ यह बात सच है यह ट्रू है और मैं नहीं बोलता की लड़की गलत है अगर वो सिर्फ तुम्हारे पैसो से ही प्यार करती है कि चलो मूवी देखने चलते हैं और तुम्हारे पैसे फिज़ूल नाकद्री से उड़ाए जा रहे हैं तो वो चीज़ गलत है तुम कमाओ और लड़की तुम्हारे पैसे उड़ाए, और एक लड़का एक लड़की की फीलिंग्स तभी समझेगा या तो लड़की खूबसूरत हो या लड़की बहुत ज़्यादा खूबसूरत हो या फिर वो लड़की से सच्ची वाली मोहब्बत करता हो यह तीन चीजें होंगी और अगर लड़की खूबसूरत होगी तो ज़रूर मोहब्बत हो ही जाएगी, हो सकता है मेरी बातों से तुम बहुत ज़्यादा डिसऐग्री कर जाओ, लेकिन जो सच है वो है, एक लड़की जो है वो मैं बहुत पहले भी बात चुका हूँ या शायद तुम लोगों ने सुनी हो या नहीं सुनी हो तुम लोगों ने जैसे एक ग्रुप होता है उसमें एक लड़की होती है जो चश्मा पहनती है जो बिल्कुल सिंपल रहती है, जो अट्रैक्टिव नहीं दिखती तो जब वो एक लड़के को पसंद करती है जो हैंडसम है या नहीं भी है उसे जाके अपने दिल की फीलिंग्स बताएगी तो उस लड़के के पास एक बहुत अच्छी स्क्रिप्ट होती है मैं तुम्हें दोस्त समझता था समझता हूँ समझता रहूंगा, हम अपनी

दोस्ती को खराब नहीं कर सकते मैं नहीं चाहता मेरी एक दोस्त भी खो जाए, लेकिन अगर एक खूबसूरत लड़की है जिसका दिल बहुत खूबसूरत हो अगर एक खूबसूरत लड़की एक लड़के को आ कर प्रोपोज़ करती है तो मुझे नहीं लगता लड़के के पास इस तरह की स्क्रिप्ट होनी चाहिए की वो एक दोस्त हैं या मैं दोस्ती को खराब नहीं करना चाहता, लेकिन दो परसेंट लोग ऐसे भी हो सकते हैं लड़कियां भी हो सकती हैं जो शायद इस सिचुएशन में फिट नहीं बैठती हों लड़के भी हो सकते हैं जो इस सिचुएशन में फिट न बैठते हों या कुछ खूबसूरत लड़कियों को कभी भी यूज़ ऐंड थ्रो के बारे में नहीं पता होता और एक खूबसूरत लड़की कभी भी दिल की बुरी नहीं हो सकती कभी नहीं हो सकती तो एक रिलेशनशिप के अंदर जो डार्क मोड होता है और अब जो में कहने वाला हूं शायद तुम उससे रिलेटेबल हो पाते हो या नहीं हो पाते हो और हो सकता है के तुम मेरी बात से डिसएग्री कर जाओ लेकिन कब तक अपने आप से झूठ बोलोगे की लुक्स, और खूबसूरती मायने नहीं रखती है एक सेलिब्रिटी है जो एक हिरोइन है, वो एक फीमेल है जो बहुत खूबसूरत है वो यह कह रही होती है कि इंसान को दिल का अच्छा होना चाहिए जबकि उस ने अपने चेहरे पर ना जानें कितनी सर्जरी करवाईं होती हैं वो शायद देखती है के मेरी नाक उसके जैसी होनी चाहिए या मेरा फेस उस की तरह होना चाहिए कहीं मेरी नाक थोड़ी सी लंबी है तो नहीं हैं मेरे होंठ ठीक नहीं हैं तो उसने अपने फेस पर खूबसूरत दिखने के लिए लाखो रुपये खर्च किए होते हैं और वो किसी कुर्सी पर बैठ के किसी शो के अंदर यह बोल रहे होती है कि खूबसूरती मायने नहीं रखती, इंसान के चेहरे की खूबसूरती एक दिन ढल जाएगी और लुक तो एक दिन चला ही जाएगा लेकिन दिल से खूबसूरत होना चाहिए तो फिर मेकअप क्यों करती हो और लोगों से यह क्यों कहती हो के यह प्रोडक्ट खरीद लो और अपनी स्किन को खूबसूरत बनाओ या गोरी हो जाओ क्यों एक काले इंसान को इतना नीचा दिखाया जाता है क्यों इस चीज़ को ग्रूमिंग से जोड़ा जाता है और फिर क्यों उनके उनके बहुत ही खूबसूरत पोस्टर लगाये जाते हैं सोशल मीडिया हो गया या उनके बिल्बोर्ड डेटा हो गए तो यह सब क्यों हो रहा है, जब एक मॉडल या फीमेल अदाकारा अपनी फोटो पोस्ट करती है सोशल मीडिया पर तो

फिर यह लोगों के ख्याल कहां चले जाते जब एक जिस्म की मार्केटिंग हो रही होती है तो यह दिल से खूबसूरती होनी चाहिए यह बात लोगों की कहां चली जाती है, क्यों इन लोगों को बुढ़ापे से डर लगता है, क्यों यह लोग किसी अंजान लड़का या लड़की को उनके कॉमेंट में अपने विचार बताते हैं के योर लुकिंग सो हॉट यह जो खूबसूरती का जाल है और यह जो खूबसूरती का चक्कर है जब मैंने यह कहा था कि एक लड़की तुमसे प्यार कर सकती है बदले में तुम्हें भी प्यार देना होगा, इज़्ज़त करनी होगी फीलिंग्स को समझना होगा, बातों को सुनना होगा जो लोग यह बोल रहे होते हैं के इंसान को दिल से खूबसूरत होना चाहिए जिस्म से नहीं, तो फिर क्यों इन ही लोगों का यह विचार एक बनावटी खुबसूरती के आगे दम तोड़ देता है जो कि झूट है, जिसको खत्म हो जाना है, अब वो लड़का हो या लड़की तो ऐसे लोग आपको कहां से प्यार के बदले प्यार दे सकते हैं जो सिर्फ अट्रैक्शन को ही प्यार समझते हैं।

# 15

# पैसे वाला प्यार

एक ऐटिट्यूड बॉय ने मुझसे कुछ कहा था, काफी पहले के मेरी गर्लफ्रेंड मुझे पैसों के लिए छोड़ के चली गई प्लीज़ उसके ऊपर एक स्टोरी बना दो, पहली बात तो यह है जो लोग चंद पैसों के अंदर बिक जाते हैं ऐसे दो टके के लोगों का ज़िक्र में मेरी कहानियों में नहीं करता हूं और दूसरी बात यह है के सफेद घोड़े पर बैठ के दौड़ना बंद कर सकते हो मेरे प्यारे राजकुमारो और हकीकत में आज आप खुद को समझने की कोशिश कर सकते हो अपनी कमियों को दूसरों की गलतियों के पीछे मत छुपाया करो, तो प्यार के अंदर पैसा कितना ज़रूरी होता है या नहीं होता है, तो यह कहानी उसी के ऊपर है तो ज़ाहिर सी बात है थोड़ी लंबी होगी और वैसे मैं दस से पंद्रह सेकंड में अपनी बात खत्म कर सकता हूं लेकिन वो एक सही तरीका नहीं होगा क्योंकि दस पंद्रह सेकंड में या तो गाली दी जा सकती है या फिर कोई चुटकुला बोला जा सकता है तो आज तरीके से बात करते हैं, सही हो या गलत यह मेरा नज़रिया है यह मेरा सोचना है अगर तुम्हें लगता है तुम्हारा रिलेशनशिप पैसों की वजह से टूट गया है कि तुम्हारे पास पैसे नहीं थे इस वजह से तो कोई भी रिलेशनशिप बिल्कुल जब एंड हो जाता है तब जाके पैसों की वजह से टूटता है उससे पहले लड़की जो तुमसे प्यार करती है वो तुम्हें कह रही होती है कि जिंदगी में कुछ कर लो कैरिअर बना लो पैसा कमा लो, तुम उसके ऊपर ध्यान नहीं देते हो तुम्हारे सर के ऊपर जूं तक नहीं रेंगती है अगर तुम्हें लगता है कि दुनिया जो बॉलीवुड

में दिखाई जाती है वैसी ही होती है तो ऐसा नहीं है के लड़की वैसी ही हो, जैसे एक फिल्म है उसमें एक अदाकारा है वो एक ऐसे लड़के से प्यार करती है और बाद में वो लड़के के साथ भाग के चली जाती है और शादी कर लेती है और वो एक अमीर बाप की बेटी रहती है पर जब उसका बाप उससे मिलने आता है तो वो एक चटाई बिछाकर बैठी होती है और उस लड़के के साथ चावल उबाल के खा रही होती है तो वैसा कुछ भी नहीं होने वाला है इस हकीकत की दुनिया में, हकीकत के अंदर तुम्हें एक कैरिअर बनाना ही होगा, अपने काम पर फोकस करना ही होगा, चलो ठीक है, के तुम्हारी अभी काम की उम्र नहीं है और तुम पढ़ाई करते हो और आज की डेट में तुम घूमते हो और अपने पार्टनर के साथ पानी पूरी खाने जाते हो या कहीं भी किसी शॉपिंग मॉल में जाते हो, लेकिन एक वक्त पर जाके एक साल हो गया, दो साल हो गए तुम्हारी रिलेशनशिप को लेकिन उसके बाद मैं तो तुम्हें पैसों पर ध्यान देना ही देना होगा और देना ही पड़ेगा पैसा कमाना ही कमाना पड़ेगा अगर उसके बाद में भी तुम नहीं कमाते हो तो फिर एक होता है ना कि तुम लड़की से सिर्फ प्यार चाहते हो और तुम चाहते हो कि लड़की सिर्फ तुमसे प्यार करे लेकिन लड़की सिर्फ तुम्हारी आँखों में अपने लिए प्यार ही नहीं देखना चाहती वो तुम्हारे साथ कैरिअर भी देखना चाहती है, उसे लगे तो सही के तुम्हारे साथ कोई कैरिअर है या नहीं, या फिर वो लड़की यह सोचने लग जाए के तुम बस एक फालतू आशिक हो जैसे गली के नुक्कड़ का कोई आशिक रहता है और मैंने चाय की थड़ी पर अक्सर देखा है जैसे जो मुँह के अंदर वो पांच रुपया वाला गुटखा भर के और चाय की चुस्की लेके और सिगरेट हाथ में लेकर और उसकी गर्लफ्रेंड की शादी मां बाप कहीं और कर रहे होते हैं और फिर वो धमकी दे रहे होते हैं के आप कहीं और शादी नहीं करा सकते वो मुझसे प्यार करती है में प्यार करता हूं उससे और लड़की को बेवफा कह रहे होते हैं और गाली दे रहे होते हैं, तो मेरे दोस्त तेरी औकात सिर्फ इतनी सी है कि तू चाय की थड़ी पर बैठ के सिर्फ वो गुटखा खा सकता है, चाय पी सकता है, तुने लड़की पटा ली पर वो तुझसें से गलती से पट गयी पता नहीं वो बेचारी अंधी थी आँखों से या दिमाग से अंधी थी पता नहीं जो तुझ से पट गई, अब वो तुझे छोड़ कर एक सही डिसीजन ले रही है,

क्योंकि तेरा कोई फ्यूचर नहीं है और अगर तुम किसी भी लड़की से प्यार करते हो तो क्या तुम यह सोच रहे हो कि मैं सिर्फ प्यार ही दूंगा? प्यार के अलावा कुछ नहीं दूंगा, मैं तो कुछ दूंगा ही नहीं इसके लिए तो सिर्फ़ मेरा प्यार ही काफी है, मैंने तो बॉलीवुड की फिल्मों में यही देखा था और मैंने तो कहानियों के अंदर यही पढ़ा था के बस लड़की प्यार की भूखी होती है प्यार ही लड़की के लिए सब कुछ होता है, जो भी पुरानी फिल्में हैं और लोग बोलते हैं के हर लड़की के सपने में राजकुमार ही क्यों आता है वो सफेद घोड़े पर दौड़ के और यह मजदूर क्यों नहीं आता, तो पता है प्रॉब्लम क्या होती है अगर तुम एक गोल्ड डिगर लड़की से प्यार करते हो जो सिर्फ पैसों की भूखी है, मेरी इस बात को आप समझ ने की कोशिश करिएगा के अगर कोई गोल्ड डिगर लड़की की नज़रों में तुम अपने प्यार से उसके दिल में इज़्ज़त बनाना चाहो तो वो पॉसिबल नहीं है, ठीक वैसे ही जैसे कि एक लड़की की उम्मीद हो के वो एक प्लेबॉय लड़के को अपनी सादगी से उसे लॉयल रख लेगी हमेशा के लिए तो वो चीज़ भी पॉसिबल नहीं है, जैसे एक ग्रुप होता है कॉलेज का ग्रुप मान लो या फिर स्कूल का उस ग्रुप में लड़कियां है उनमें से एक लड़की ऐसी होती हैं जो बिल्कुल सिंपल होती है सादगी से भरी हुई वो लड़की किसी और की बातें किसी से शेयर नहीं करती कुछ बातें उसमें बहुत अच्छी हैं जो एक अच्छे इंसान में होनी चाहिए, लेकिन वो लड़की मन ही मन में एक लड़के से प्यार कर बैठती है और वो लड़का स्मार्ट होता है लेकिन वो उसे भाव नहीं देता वो कहीं और ही मुँह मार रहा होता है, ज़्यादा तर यही होता है और अगर वो लड़की उस लड़के को अपने दिल की बात बता भी देगी तो वो यही कहेगा के नहीं मैं तुम्हें सिर्फ फ्रेंड मानता हूं, मैं तुमसे प्यार करता नहीं करता हूं, मेरे अंदर वो फीलिंग्स नहीं है तुम्हारे लिए, तो प्यार के अंदर जो सबसे बड़ा एक स्वार्थ छुपा है और वो स्वार्थ है जिस्म की खूबसूरती का और ना चाहते हुए भी लड़की के जिस्म का उसके खूबसूरत चहरे का जिसमें एक खूबसूरत लगने का नज़रिया होता है उसका बहुत ज़्यादा रोल होता है और जो होता है ना के दिल से अच्छा होना चाहिए और तुम्हें पता है के सामने वाले का दिल अच्छा होना चाहिए जो तुम्हारी Crush होती है कभी ऐसा सुना है की एक लड़की सांवली है ज़्यादा खूबसूरत नहीं है बॉडी

के हिसाब से लेकिन वो दिल से बहुत ही खूबसूरत है क्या वो किसी की Crush हो सकती है क्या, तो वो नहीं हो सकती किसी की Crush और ना मैंने सुना के APJ Abdul Kalam, Ratan Tata, Nelson Mandela, Whoopi Goldberg, Roshni Nadar, Kalpana Chawla किसी की Crush हैं अगर तुम एक ऐसी लड़की के साथ रिलेशनशिप में चले गए जो तुम्हारे प्यार के साथ तुम्हरा एक फ्यूचर भी देखना चाहती है और खुद का भी और वो तुम्हें कमाने के लिए बोल रही है या फिर तुम ऐसी लड़की के साथ चले गए जो एक गोल्ड डिगर है और उसको बस तुम्हारा पैसा चाहिए, उसे कार चाहिए या बाइक चाहिए, तुम उसके साथ घूमने जाओ या उसको फ़िल्म दिखाने लेकर जाओ, शॉपिंग करवाओ तो फिर जब तुम ही खुद अपनी मर्ज़ी से एक ऐसी लड़की को चुन रहे हो जो बस पैसा चाहती है और उसे तुमसे कोई मतलब है, तो मुझे नहीं लगता के वो लड़की गलत है उस जगह तो तुम गलत हो, क्योंकि तुम चुन रहे हो एक ऐसी लड़की का साथ अगर शुरुआत में तुम एक ऐसी लड़की के साथ रिलेशन में चले गए, ऐसी लड़की के साथ, जिसने तुम्हारी फीलिंग्स के ज़रिए जिसे तुमने अपने प्यार से पाया है अपना टाइम दिया है और उसको फीलिंग्स की कद्र करना सिखाया और वो आज नहीं तो कल या कुछ महीने या एक साल बाद में वो लड़की तुम्हें पैसे के लिए बोल रही है और वो तुम्हें छोड़ के चली गयी इस लिए के तुम कमाते नहीं हो, तो मैं बोलूँगा के लड़की का शुक्रिया अदा करो कि तुम्हें मकसद तो देखे गयी है, वो कितना बड़ा सबक सीखा के गयी है तुम्हें कि जिंदगी में प्यार ही सबकुछ नहीं होता पैसा भी बहुत जरूरी होता है, वो लड़की शायद यह कहना चाहती थी के कमाओ और देखो अगर आज तुम्हारे पास पैसा हो या अगर तुम कमाते तो शायद आज मैं तुम्हारे पास होती, तुम्हारे साथ रह रही होती तो उस जगह तुम्हें उसको गलत बोलने का बिल्कुल भी राइट नहीं है, क्योंकि वो लड़की कोई तुम्हें धोखा देकर नहीं गयी है अगर आज मैं काम कर रहा हूँ तो ठीक है अगर मैं ज़्यादा पैसा नहीं कमा पा रहा, लेकिन अगर आज कोई लड़की जो मुझसे बहुत ज़्यादा प्यार करती है इस बात को में एक एग्ज़ैम्पल से बताना चाहुंगा और मैं अपने ऊपर लेके बताऊँ मान लो के एक लड़की बहुत ज़्यादा प्यार करती है हद से

ज़्यादा लेकिन उस लड़की के साथ मेरा आज निकल जाएगा, मेरा कल भी निकल जाएगा, परसों निकल जाएगा, साल भर निकल जायेगा अगर मैं उस लड़की को कुछ दे ही नहीं पा रहा हूँ पैसों से रिलेटेड कोई चीज़ नहीं दे पा रहा हूँ मैं उसे बाहर ले जाकर कहीं पर अगर उसको घूमाने लेके जा रहा हूँ किसी गार्डन में और मैं सिवाय हवा के उसको कुछ नहीं खिला रहा हूँ, पहनने को कपड़ा सर छुपाने के लिए छत और खाने के लिए दो वक्त की रोटी तो कोई भी दे देगा फिर तुम ही क्यों, तो एक लड़की का यही सवाल रहता है अपने पार्टनर से के तुम ही क्यों, सिर्फ पहनने के लिए कपड़ा दे दिया तो हो गया क्या बस यही सब और कुछ भी नहीं, तुम किसी से प्यार करते हो जब एक लड़का किसी लड़की से प्यार करता है तो वो चाहता है कि मैं इसे ज़माने भर की खुशियां दूँ और हकीकत बताऊं तो उस ज़माने भर की खुशियों के अंदर कुछ खुशियां पैसों से खरीद के दी जाती हैं पैसा बहुत जरूरी होता है, कुछ लोग वादा करते हैं या फिर चाँद तारे तोड़ने की भी बातें होती हैं लेकिन हकीकत में तो ऐसा कुछ नहीं है ना के जब भूख जब लगती है तो अपने आप लगती है, शायरी से कहां पेट की आग बुझती है, यह तो वो कड़वा निवाला है जिसके आगे नीम की डाली भी गन्ने का स्वाद लगती है, झांककर देख लेना मेरी हर एक कहानी में, बेज़ुबान कहानी भी खामोश अदालत की तरह लगती है, मुझे पता है यह लाइन बहुत हार्ड है, ठीक थोड़ी बहुत तो है, लोगों को अच्छी लग सकती है, लेकिन लोग इससे रिलेट नहीं कर पाएंगे अब हर कोई बंदा जो राइटर होगा जो बहुत-बहुत घेराइयों में सोचता होगा उसको अच्छी लग सकती है यह बात लेकिन लोग रिलेट कैसे करेंगे, लोग तो इससे रिलेट करेंगे की एक मिडल क्लास लड़के की यही तो कहानी होती है के एक लड़की से सच्चे दिल से प्यार कर लो, फ्यूचर देख लो, प्लानिंग कर लो फिर वो लड़की बीच मझधार में छोड़ के चली जाती है टाटा गुड्बाइ करके चले जाती है और वो प्लानिंग धरी की धरी रह जाती है लड़का ना इधर का रहता है ना उधर का, तो लोग इससे रिलेट कर लेंगे मुझे पता है और मुझे पता की इससे रिलेट कर ही लेंगे और लोग इससे भी रिलेट कर लेंगे के जो लड़की आज तुझे सिगरेट पीने से रोक रही है कल वो ही तेरे शराब पीने की वजह बन जाएगी, मुझे पता है इससे लोग रिलेट कर

लेंगे क्योंकि यह बहुत सिंपल चीज़ है के आप ढंग से बाल नहीं बनाते हो और बालों को लॉन्ग रखते हो और आपकी थोड़ी लॉन्ग शर्ट होती है आप टी शर्ट पहनना पसंद नहीं करते या आप फंकी लुक रखना चाहते हो और चप्पल के अंदर कहीं बहार घूमने चले जाते हो और फिर एक लड़की तुम्हारी लाइफ में आती है जो तुम्हें बदल कर रख देती है उस टाइम जो तुम थे, जो तुम अकेले जिंदगी जी रहे थे, एकदम मस्त बिंदास तुम्हें किसी की ज़रूरत नहीं थी किसी की परवाह नहीं थी और इस ज़माने में एक लड़की तुम्हें एक लड़के से मर्द बनाती है, तुम्हें फ़िक्र करना सिखाती है, तुम्हारे अंदर इमोशन्स जो होते हैं उसको बाहर ले के आती है, तुम्हें रोना सिखाती है, तुम्हें हंसना सिखाती है, तुम्हें जो सरप्राइज़ मिलता है तो कैसा फील होता है यह सब सिखाती है और फिर हो गए तुम पास, तो अब वो लड़की तुम्हें कोई मतलब देके और तुम्हें छोड़ के चली गई, तो इसके कई मतलब हो सकते हैं के वो चली गयी, तो अब तुम्हारे साथ क्या होगा अब वो जो इंसान दिन की दो-चार सिगरेट पी लिया करता था जो उसने छोड़ दी थी उस लड़की के लिए तो अब वो उस लड़की के जाने के बाद या तो सिगरेट के पैकेट पिएगा या अपने आने वाले कल पर ध्यान देगा।

# 16

# खूबसूरती

आपने तितली देखी है क्या? हाथ पर बैठे हुए मेरे ख्याल से दुनिया में कोई भी इंसान ऐसा नहीं होगा, जिसके हाथ पर तितली बैठी हो और वो उसे गुस्से से हटाना चाहे, नहीं हटाएगा शायद वो बहुत ज़्यादा खुश हो जाएगा, हो सकता है वो फोटो भी खींचना चाहेगा, इस लम्हे को एक ख़ूबसूरत बनाना चाहेगा, उस तितली को लोगों को दिखाना चाहेगा कि उसके हाथ में तितली बैठी थी, फिर उसने फोटो खींची, अगर उस के जगह हाथ पर मक्खी बैठ जाये तो कितने प्रतिशत लोग ऐसे हैं जो उसकी फोटो खींचेंगे जो उसे हटाना नहीं चाहेंगे मेरे ख्याल से हर कोई हटाना चाहेगा शायद कुछ लोग तो गुस्सा हो जाएंगे और अगर बार-बार आके बैठ तो बार-बार हटा देंगे तो बस वैसे ही तो है जिंदगी है हमारी, जिंदगी में कुछ लोग तितली बन के आते हैं और कुछ लोग मक्खी, तितली वाले लोग खुशी देंगे आपको समझेंगे, वो तुम्हें मेमोरीज़ दे देंगे बहुत सारी अगर वो चले भी जाएं आपकी जिंदगी से तो तुम्हें याद रहेगा कि हाँ हमारे पास उस इंसान की मेमोरीज़ हैं और कुछ लोग होते हैं मक्खी जैसे वो बहुत ज़्यादा फ्रस्ट्रेट कर देंगे तुम्हें अंदर से बहुत ज़्यादा दुखी कर देंगे उनको देख कर थोड़ी सी आपको घिन भी आएगी के हटाओ यार इनको कौन है यह, हो सकता है कुछ लोग जो तुम्हारी ज़िंदगी में आएं जो तुम्हें कुछ यादें देके जाएं वो तितली जितने खूबसूरत ना हों, शक्ल की बात कर रहा हूँ मैं, उनका शरीर इतना खूबसूरत ना हो, लेकिन उनके विचार,

उनकी बातें, उनके बात करने का तरीका, उनके सोचने का तरीका, उनका इज़्ज़त देने का तरीका, जैसे वो लोगों को इज़्ज़त देते हैं वो सबसे अलग हो, उनसे बहुत कुछ तुम्हें सीखने का मौका मिले, मुझे पता है कि खूबसूरती बहुत ज़्यादा मायने रखती है आज की डेट में अगर तुम यूट्यूब पर सर्च करोगे टॉप टेन हॉलीवुड एक्टर, मैं खुद देखता रहता हूँ और मेरे अंदर यह इच्छा रहती है कि फर्स्ट कौन आएगा, फर्स्ट कौन आएगा जैसे एक रहता है अंदर के फर्स्ट पर कौन है, तो खूबसूरती बहुत ज़्यादा मैटर करती है यह बात मैं भी मानता हूँ लेकिन रिश्ता? रिलेशनशिप जो दो लोगो के बीच होता है, मेरे ख्याल से दुनिया में कोई ऐसी खूबसूरती बनी ही नहीं लड़का हो या लड़की हो जो किसी भी इंसान को पूरी जिंदगी ठहर ने की एक वजह दे दे, कि हाँ सिर्फ खूबसूरती की वजह से यह इसके पास ठहर गया पूरी जिंदगी के लिए, मैंने एक फ़िल्म देखी थी उसका नाम था हमको दीवाना कर गए कुछ समथिंग ऐसे ही थी तो उसमें अनिल कपूर का एक डाइअलॉग होता है कैटरीना कैफ पूछती है कि ऐसी क्या चीज़ है, कौन सी बात है या कौन सी वजह है जो हम दोनों को जिंदगीभर एक दूसरे के साथ रखेगी तो अनिल कपूर बोलता है तुम्हारे होंठ, तुम्हारी खूबसूरती, तुम्हारी आँखें, जब वो सेम सवाल अक्षय कुमार से पूछती है तो अक्षय कुमार कहता है की वो एहसास, एक एहसास है जो हमें जिंदगी भर जोड़े रखेगा, एहसास होता भी होगा जिंदगीभर एक दूसरे के पास ठहरने के लिए एक वजह अच्छी है कि मुझे अच्छा लगता है शायद उससे बात करना, उसके साथ बैठना, हर तरह की बातें शेयर करना मैंने एक लाइन पड़ी थी बहुत पहले जिसमें लिखा था के एक औरत एक खूबसुरत जिस्म के साथ सिर्फ रात बिताने के लिए अच्छी है, लेकिन एक खूबसूरत दिमाग वाली औरत ज़िंदगी भर के लिए अच्छी है, यह हकीकत है फिर से रिपीट करता हूँ अगर तुम्हारे पास लुक्स नहीं है, तुम्हारे पास खूबसुरती ही नहीं है तो और भी बहुत सारी चीज़े हैं तुम्हारे पास जिस पर तुम काम कर सकते हो, मैंने अक्सर देखा है के काफी ताने मारे जाते थ काले लोगों को कि अगर काला इंसान है तो वो खूबसूरत हो ही नहीं सकता स्मार्ट हो ही नहीं सकता, तो उन लोगों ने उन चीजों पर मेहनत करना शुरू किया ऊपर वाले ने जैसा बना दिया वैसा बना दिया लेकिन उन लोगों ने अपने

विचारों को अपनी भाषा अपनी ज़ुबान को अपने अंदाज को या लोगों से मैं जब बात करूँगा तो उन्हें इज़्ज़त देने के अपने तरीके को मैं कुछ अलग बनाऊंगा, जिससे मैं लोगों को फीलिंग्स के द्वारा अपनी बातों के द्वारा लोग खरीद सकूं, पैसे देकर चीजें तो हर कोई खरीद सकता है, लेकिन मैं लोग खरीदना चाहता था, तो मैंने उसपे वर्क किया कहीं ना कहीं वो कहते है ना की कुछ लोग बहुत सारी चीजें कर लेते हैं खुद से, अब अगर तुम सिर्फ एक चीज़ लेके बैठ जाओगे कि तुम्हारे पास लुक्स नहीं हैं तुम हैंडसम नहीं हो तो तुम वो चीजें गंवा दोगे जो तुम्हारे पास हैं, यह कहीं भी नहीं लिखा है इन्फैक्ट तुम्हारे नसीब में तुम्हारी जो किस्मत रहती है, हाथ की लकीरें होती हैं या जो नसीब होता है, मेरे ख्याल से लिखने वाले ने बिल्कुल भी यह नहीं लिखा होगा कि इसके पास अगर कोई भी इंसान रुकेगा तो बस इसकी खूबसूरती की वजह से इसके लुक्स की वजह से इसके पास ठहर जाएगा, नहीं ठहरेगा भाई ज़िंदगी भर तो कोई नहीं ठहरेगा, तो तुम्हें अपने आप को इतना खूबसूरत बनाना है विचारों से अपने ख्यालों से, बातों से, बात करने के अंदाज़ से, जो भी जितनी भी तुम्हें चीज़े मीलती हैं लोगों को इज़्ज़त देने का तरीका क्योंकि जहां से मैंने शुरुआत की थी में वहीं पर दुबारा जाना चाहूंगा कि तितली जब हाथ पर बैठती है तो कोई भी नहीं हटाना चाहता लोग उसकी फोटो खींचना चाहते हैं तो कुछ लोग तुम्हारी ज़िंदगी में तितली बनकर आएँगे, कुछ मक्खी, जब तुम्हारी ज़िंदगी में कुछ लोग तितली बनके आएँगे तो तुम भी कहीं न कहीं लोगों की जिंदगी में कुछ मायने लेके तो ज़रूर जाओगे अब वो तितली का भी हो सकता है वो मक्खी का भी हो सकता है, डिपेंड तुम पर करता है कि तुम लोगों की जिंदगी में क्या मायने लेकर जाते हो, यह गलतफहमी निकाल देना दिल से कि तुम्हारी जिंदगी में अच्छे लोग आएँगे, बुरे लोग आयेंगे तुम भी किसी की जिंदगी में एंटर करोगे ही करोगे आज नहीं तो कल या कर रहे हो, तुम्हें पता नहीं है हो सकता है अब तक तुम सौ लोगों से मिले हो, दोस्त हो गए और रिश्तेदार हो गए और कोई भी कितने भी लोग हैं, जो तुम्हारे दिल के करीब रह पाये हैं और कितने लोगों के तुम करीब रह पाए हो या कितने लोग तुम्हारे करीब रह पाए, हो सकता किसी इंसान की कोई अच्छाई हो सकती वो रह

सकता है, लेकिन मज़ा तब आता है जब तुम किसी के दिल के करीब रहो वो भी ज़िंदगी भर के लिए उसमें बहुत मज़ा आता है, तुम्हें एक रियल स्टोरी सुनाता हूँ काफी साल पहले तकरीबन बारह तेरह साल हाँ पंद्रह तो ज्यादा बोल दूंगा लेकिन बारह तेरह साल पहले मुझे यह लगता था लड़की खूबसूरत है, या लड़का खूबसूरत है तो सिर्फ उसका एक रीज़न है कि वो गोरी है अगर कोई भी लड़की गोरी है या लड़का गोरा है तो वो स्मार्ट है और खूबसूरत है, क्योंकि लुक्स है उसके पास और वो अपनी इस जिस्म की खूबसूरती से लोगों को दीवाना बनाए रखेगा लोग उसकी इज़्ज़त करेगें, क्योंकि मेरी मेंटालिटी बचपन में ऐसी बना दी गई थी कि काला इंसान खूबसूरत नहीं हो सकता, वो स्मार्ट नहीं हो सकता, वो लड़की भी खूबसूरत नहीं हो सकती जो लड़की काली है, क्योंकि कहीं ना कहीं आपका जो समाज होता है, जो लोग होते है वो आपकी मेंटैलिटी ऐसी कर देते हैं, मैं इंडिया में पला बढ़ा हूँ जहाँ पर आज भी कहीं ना कहीं बहुत ज़्यादा भेदभाव होता है और लुक्स तो बहुत मैटर करता है और जो थोड़ी बहुत जो कसर रह जाती है ना वो जो टीवी ऐड्स होते हैं जो हमारे सुपर स्टार्स होते हैं, जिन्हें हम एक्टर बोलते हैं जो टीवी के हो गए, जो फिल्मों के हो गए बची-कुची कसर यह पूरी कर देते हैं कि अगर आप भी बनना चाहते हो मेरी तरह मर्द तो लगाओ यह क्रीम तो कहीं न कहीं मेंटैलिटी हो जाती है के नहीं यार हम शायद गोरे नहीं है इस वजह से हम खूबसूरत नहीं हैं और कहीं न कहीं मर्द भी नहीं हैं, हम मर्द कहां हो सकते हैं, काला मर्द थोड़ी ना हो सकता है, मर्द तो गोरा हो सकता है, अब उस काले कलर का तो मैं कुछ नहीं कर सकता जो हमारे पास है और ना में उस नैननक्श का कुछ कर सकता हूं जो मुझ को मिल चुका है, तो कहीं न कहीं चलो मैं उन पर मेहनत करता हूँ जिसकी वजह से मैं लोगों को भले ही अपने लुक से अट्रैक्ट ना कर पाऊँ लेकिन बातों से ज़रूर इंप्रेस कर सकता हूँ, तो खुद पर इंवेस्ट करने से ज़्यादा बेस्ट इन्वेस्टमेंट कुछ नहीं है और मैं इस बात पर बार-बार इसलिए ज़ोर देता हूँ कि शायद तुम्हें दूसरों को जज करने का हक तभी है याद रखिए कि मैं शायद शब्द का इस्तेमाल रहा हूँ इस बात के लिए जो में अब कहने जा रहा हूं कि तुम्हें किसी भी इंसान को जज करने का हक तब होगा जब तुम सामने वाले

इंसान की तकलीफों को महसूस कर पाओगे आपको सिर्फ समझना ही नहीं होगा बल्के उसको महसूस भी करना होगा तब तुम उसे जज कर सकते हो वरना तुम्हें जज करने का कोई राइट नहीं है और यह हकीकत है, यह छोटी-छोटी बातें जो होती हैं आपकी जिंदगी बदलकर रख देती हैं और मेरा यह मानना है कि खुद पर मेहनत करना सबसे ज़्यादा और बहुत-बहुत महान काम है और इसे करते रहना चाहिए, मैं के एक प्यारा सा किस्सा सुनाना चाहूंगा के मैं किस हद तक अपने रिश्तों को देखता हूं रिलेशनशिप में चाहे दोस्त हों, भाई हो या जो भी हो, मैं किस तरीके से देखता हूँ उन लोगों को और हर इंसान के नज़रिए को देखना चाहिए तो मेरे कुछ दोस्त हैं दो या चार, जिनकी बीवियों को मैंने किसी और के साथ देखा है मार्केट में और फिर उनके भी आई कॉन्टेक्ट हुए हैं वो देख कर यह सोचती होंगी के मैंने देख लिया और फिर मैं अपने दोस्त को बता दूंगा लेकिन मैंने कभी भी मेरी लाइफ में उनकी चुगली नहीं की, मैंने बस देखा और मैंने कभी नहीं नहीं बताया और न कभी ज़िक्र किया, तो क्या मैंने अपने दोस्त के साथ गद्दारी की, नहीं मुझे नहीं लगता के मैंने मेरे दोस्त से गद्दारी की, मैंने इसलिए नहीं बताया क्योंकि मैं अपने दोस्त को बस दोस्त के नाते जानता हूँ बस इससे ज्यादा कुछ नहीं और मैं यह भी जानता हूं कि वो कितनी पागलों वाली बातें करता है, मैं यह भी जानता हूँ कि वो शराब पीने के बाद कौन से माहौल में चला जाता है, मैं जानता हूँ जब उसे गुस्सा आता है कि वो किस हद तक गुस्सा कर लेता है, मैं जानता हूँ जब ज़्यादा ट्रैफिक हो जाता है तो वो किस तरह की गालियां बकने लग जाता है, लेकिन मैं यह बिलकुल भी नहीं जानता के मेरा दोस्त उस लड़की को किस तरह से ट्रीट करता है, मैं नहीं जानता जो उससे शादी करके आई है अपना घर छोड़ कर वो उसको इसके बदले कितनी इज़्ज़त देता है, मैं यह भी नहीं जानता के उसने अपनी वाइफ से जो प्रॉमिस किये थे वो पूरे किए भी हैं या नहीं, वो लड़की जो उसके लिए सब कुछ छोड़ के आई है उसके साथ वो किस तरह से पेश आता है और वो किस तरह का लॉयल है, मुझे नहीं पता तो जब मुझे उन हादसों के बारे में उस सिचुएशन के बारे में उन चीजों के बारे में पता नहीं है, तो मेरा कोई राइट नहीं बनता के मैं सामने वाले इंसान को जज कर दूँ के यह सही है और यह

गलत है, क्योंकि मुझे अगर हर सिचुएशन अगर पता होती अगर मेरा दोस्त कुछ लोगों के साथ लड़ाई कर रहा है और उसको सड़क पर लोग मार रहे हैं या कुछ बहुत भयंकर हो रहा है, तो मैं कूद जाऊंगा बिना सोचे समझे भले ही मेरा दोस्त गलत हो मैं कूद जाऊंगा, मैं लड़ लूँगा लेकिन वो सिचुएशन बहुत अलग है, तो तब मैं गद्दार होता के मैंने अपने दोस्त की मदद नहीं की या तब में गद्दार होता जब मैं उसकी बीवी पर लाइन मार रहा होता, क्योंकि मेरा कोई रोल नहीं है वहाँ पर तो एक बार तुम अपने दोस्त के नज़रिए से देख रहे हो कि हाँ एक बार उसके नज़रिए से देखो की वो सही है क्या? क्योंकि मेरे खयाल से दुनिया में इतनी बेवकूफ लड़की कोई भी नहीं होगी जो एक ट्रू लव करने वाले पति को जो बहुत प्यार करता है, जो उसकी इज़्ज़त करता है और शादी के बाद उसको धोखा देगी और उसको चीट करेगी ज़रूर कुछ तो वजह रही होगी तो वो वजह मुझे पता नहीं थी तो मुझे हक भी नहीं बनता, अब इसके बाद मैं आपको मेरी जिंदगी की एक गुज़री हुई कहानी बताना चाहुंगा, मेरा एक Long Distance Relationship हुआ करता था वो लड़की कुछ ज़्यादा ही मेरे करीब थी और उसके काफी Male Bestfriend थे तो उसका एक दोस्त एसा था मैं उसका नाम नहीं लूंगा और न वो इस लायक है के में उसका ज़िक्र करूं, तो उसका एक दोस्त एसा था जो हमेशा उस लड़की को यह बोलता था के वो तेरे लायक नहीं है, वो एक घटिया इंसान है, वो एक झूठा इंसान है यार तू क्या पागल है ऐसे क्या कोई किसी पर सिर्फ़ सोशल मिडिया के ज़रिए भरोसा करता होगा क्या, यार क्या तू इतनी पागल है जो एक अंजान इंसान पर ऑनलाइन ट्रस्ट करती है, पता नहीं उसका Male Bestfriend एसा क्यों बोलता था, जो भी रीज़न था मुझे नहीं पता और फिर जब वो मेरे पास आई तो उसने शेयर की मेरे साथ यह बातें के मेरा Bestfriend एसा बोल रहा है तुम्हारे बारे में, तो मैंने बहुत सोचा और मैंने सिर्फ यही कहा था कि मैं कोई नहीं होता तुम्हें एडवाइस देने वाला, मैं नहीं रोकनेवाला तुम्हें, लेकिन मैं सिर्फ इतना कहना चाहता हूँ देखो जहाँ लोग होते हैं वहाँ लड़ाई होती है, कभी तुम हारते हो, कभी तुम जीतते हो, कभी प्यार आता है, कभी आर्ग्यूमेंट होते हैं कुछ बातों को दो तीन दिन के लिए इग्नोर करना पड़ता है, कभी क्या करना पड़ता है

तो कभी क्या, लेकिन ब्रैकअप एक ऐसा फैसला है ना जो तुम्हारी जिंदगी बदलकर रख देगा बहुत कुछ बदलकर रख देगा और तुम्हें पता भी नहीं चलेगा तो अगर तुमने ने फैसला किया है कि तुम्हें अलग होना है, तो वो तुम्हारा खुद का फैसला है लेकिन अगर तुम मुझसे पूछने आई हो के मुझे क्या करना चाहिए तो मैं तो मना ही करूँगा और मैंने उसको समझाया, तकरीबन तीन घंटे, शायद इतनी ज़्यादा देर मैंने कभी किसी को समझाया हो, वरना मैं हाथ जोड़ लेता हूँ और जब हमारी बात हुई उसके बाद में वो लड़की रोने लग गई, वो रोने इसलिए नहीं लग गई के जो मेरा किरदार है, जो मेरी इमेज है उस लड़की की नज़रों में वो उसके Male Bestfriend ने कुछ और ही बना रखी है, मेरी बंदी की नज़रों में मेरी ही इमेज उसने खराब कर रखी है तो वो यह सब बताने लग गई के पता है मैंने तुम्हें यह सब क्यों नहीं बताया क्योंकि मुझे लगने लगा था के मेरा Male Bestfriend मुझे तुमसे भी ज़्यादा समझता है और तुम्हारे कुछ पॉइंट्स थे जिसकी वजह से मुझे और उसको तुम पर शक हो रहा था और मेरा Male Bestfriend तुम्हें बहुत घटिया और झूठा इंसान बोलता है और वो बोलता है के इतनी कम एजुकेशन वाला लड़का इतनी अच्छी कंपनी में कैसे काम कर सकता है और यह भी बोलता था के वो कंपनी कब की बंद हो चुकी है और वो यह भी बोलता था के पता नहीं कैसा होगा, कितना गंदा और घटिया इंसान है और में नहीं चाहता के मेरी बेस्ट फ्रेंड रोए तो जितनी भी गालियां हो सकती हैं मेरा Bestfriend देता रहा तुम्हें और मैं सुनती रही और उसको इग्नोर करती रही और उस लड़की ने बोला के यह मेरा बेस्ट फ्रेंड एसा ही है यह तो है ही ज़ुबान का गंदा यह सबको ऐसे ही बोलता है तो जाने दो लेकिन कहानी में एक नया मोड़ आता है वो उसका Bestfriend मेरी बंदी का फोन छीन के मुझे मां बहन की गालियां देने लगता है और मुझे झूठा प्रूफ कर देता है के में एक धोखेबाज इंसान हूं तो उसके बाद में ऑफिस का सारा काम छोड़ देता हूं और उदास हो जाता हूं फिर में बाहर जाता हूं मेरे ऑफिस के दोस्त से मिलने वो पूछता है के क्या हुआ फिर उसको में बोल देता हूं यार कुछ नहीं और वो समझ जाता है फिर में कहीं और कुछ सामान लेने चला जाता हूं मेरा फ़ोन टेबल पर रह जाता है और फिर मेरा वो पागल ऑफिस वाला

दोस्त मेरी पार्टनर को को मेरे साथ रिलेशनशिप में थी उसको और उसके Male Bestfriend को गालियों के पैराग्राफ मेरी ही ID से सेंड कर देता है फिर उसके बाद सब खत्म, फिर बाद में अपना रिश्ता बचाने की कोशिश करता हूं लेकिन नहीं हो पाता है, उसको बस यही याद रहता है के उसको गालियां बाकी गईं जो मेने दी ही नहीं थी और जो मुझे गालियां दी गईं थी उसके Male Bestfriend की तरफ से वो सब भुला दिया गया था, उसके बाद में कोशिश करता रहा रिश्ते को बचाने की लेकिन नहीं हुआ, फिर उसके बाद मेरी पार्टनर ने मुझसे टाइम मांगा, उसने कुछ महीनों का वक्त लिया, लेकिन नहीं हुआ क्योंकि उसका Male Bestfriend जो था वोही उसके सारे फैसले करता था के मेरी बंदी कब क्या करेगी कब क्या पहनेगी उसको किस से बात करनी है क्या नहीं करना है सब उसका वो Male Bestfriend ही करता था फिर मैंने एक फैसला लिया अपनी बंदी को साइड में कर दिया, मैंने थोड़ी सी एक लंबी सांस ली और यही बोला आराम से के मैं तुझ से प्यार किया करता था तुझ से मेरा रिश्ता हुआ करता था लेकिन आज के बाद नहीं और आज के बाद प्लीज़ अपनी शक्ल ले के मेरे पास मत आना दुबारा और वो चौंक गई तो उसने बोला के मैं सब मैनेज करने की कोशिश कर तो रहीं हूं, मैंने कहा के तुम मुझे मेरे हाल पर छोड़ दो और दफा हो जाओ तो मैंने सोचा के अगर इसका मेल बेस्ट फ्रेंड अगर ज़ुबान का गंदा है तो उसकी गालियां भी मुझे सुन्नी है और अपनी बंदी की बेइज्जती भी सहनी है और उसका जो गलत है वो गलत नहीं है और मेरा जो सही है वो भी गलत है वाह! वाह! मैंने उसे इस लायक भी नहीं समझा के मैं ब्लॉक लिस्ट में उसको डाल दूं और मैं ब्लॉक कर दूँ, तो मेरा बस यही कहना था के मुझे उस लड़की के Male Bestfriend बातें गलत नहीं लगीं आखिर क्या ही कर सकता हूं जब अपना ही सिक्का खोटा हो तो ऐसा बिल्कुल भी नहीं है, मुझे सिर्फ एक ही बात चुभी, सिर्फ एक ही बात, के तेरे सामने वो तेरा Male Bestfriend मुझे जो भी गालियां बक रहा था या जो भी घटिया किस्म का बोल रहा था वहाँ तक ठीक है, लेकिन उसके बाद तुझे मुझसे रिश्ता खत्म कर देना चाहिए था उसके बाद तुझे मेरी शक्ल नहीं देखनी चाहिए थी क्योंकि मुझे ऐसे लोग बहुत घटिया लगते हैं जो किसी को अपना कहते हैं और चाहे

उनकी बीवी हो, गर्ल फ्रेंड हो या कोई और हो या दोस्त हो या बहन हो, और वो तुम्हारे Lover को गाली बक रहा है, तुम्हारा रिश्ता खत्म करना चाह रहा है और उसके बाद भी तुम उस इंसान को अपना सच्चा दोस्त मानते हो Bestie, Bestie करते हो, तो मेरी जान, फिर उसके वफादार हो जाओ क्योंकि तुम वहाँ अगर आर्गुमेंट हाइ कर दोगे तो तुम्हारा दोस्त तो तुमसे यही बोलेगा के हमारी दोस्ती सालों पुरानी है और तू एक कल के आए लड़के की खातिर हमारी दोस्ती खराब कर रही है और फिर तुम्हरा Male Bestfriend यह बोले की क्या वो तेरी ज़िंदगी में इतना मायने रखता है तो कमसे कम वहाँ पर ईमानदार रहो, बस मेरा यह कहना था कि तू कहीं भी लॉयल रहे लेकिन एक जगह तो रहे दिल से जो इज़्ज़त होती है कमसे कम वो रहेगी मेरे दिल में तेरे लिए के तूने मुझ से गद्दारी की है और मुझे तेरा Bestfriend गालियां दे रहा तो मेरी बंदी मेरे साथ न होकर खुद के Male Bestfriend पक्ष में है कमसे कम उसके साथ तो लॉयल है, तो मुझे नहीं लगता यह बातें वो लड़की समझेगी या नहीं समझेगी, मुझे कोई फर्क नहीं पड़ता

और रिश्ता जब मैं खत्म करता हूँ तो वो फिर वो एंड ऑफ द मोरल का ही होता है फिर उसके बाद मेरी तरफ से चाहे मरे या जिए या अपने Male Bestfriend के साथ शारीरिक संबंध बनाए मुझे घंटा फर्क नहीं पड़ता अब उसके बाद में चाहे वो दोनों शादी करें या तलाक लें, क्योंकि मैं इतना महान नहीं हूँ और ना मैं बनना चाहता हूँ मेरी तरफ से, उसके बाद में वो डिवोर्स ले या एक दूसरे को सड़क पर ले जाकर मारें या किसी से मार खाएं फर्क नहीं पड़ता बात वहीं खत्म होनी थी, क्योंकि यह ज़िंदगी है और भी लोग मेरी जिंदगी में आएँगे जो शायद मेरे अच्छे दोस्त बने, जो शायद मेरे अच्छे एक बिज़नेस पार्टनर बने कुछ भी हो सकता है, हो सकता है मेरे साथ राइटिंग करें, तो लोग आते रहेंगें, तो जो लोग लॉयल हैं मेरे पास, में उन्हें वक्त दूंगा ना मैं क्यों किसी ऐसे चु*या इंसान को अपना वक्त दूं जो अपने Male Bestfriend से गालियां सुन रही है जो मुझे दी जा रहीं हैं मतलब मुझे कोई गालियां बक रहा है वो सुनके आ रही है और वोही बातें मुझे बता राही है क्या मैं इतना वेल्ला हूँ, मैं इतना अजब और इतना महान किस्म का चू*या हूँ, यह छोटी-छोटी बातें हैं, जो

आपको कैरक्टर को डिसाइड करती हैं जैसे मैंने बहुत पहले लिखा था के मैं दुनिया में बहुत कम लोगों की इज़्ज़त करता हूँ, लेकिन इसका यह मतलब नहीं है कि मैं बाकियों की इज़्ज़त नहीं करता हूं मेरा पॉइंट ऑफ व्यू सिर्फ इतना है कि मैं बहुत कम लोगों की इज़्ज़त करता हूँ, बाकियों से मेरा लेना देना नहीं है यह दुनिया बहुत खूबसूरत है, तुम्हें देखनी चाहिए, लेकिन मैं किसी को भी अपने सर पर अपने कंधे पर बिठा कर यह दुनियां दिखाने की बातें नहीं करता जो लोग एक वक्त में एक के नहीं हो सके, मेरी नज़र में उनकी औकात सिर्फ दो टके की है यह वो लोग हैं जो जिस थाली में खाते हैं उसी में छेद नहीं उसी में पेशाब कर देते हैं और यह लोग बहुत महान बनने की कोशीश करते हैं, महान होते होंगे लेकिन मुझसे ना मिलें ऐसे महान लोग और ना मैं मिलना चाहता हूँ धीरे-धीरे जब उम्र गुज़रेगी जब जिंदगी आगे बढ़ती जाएगी, जब थोड़ी सी समझ और आ जाएगी, तजुर्बा थोड़ा मिलता जाएगा तब तुम्हें पता चलेगा कि जो झूठ है यह इंसान को फायदा नहीं पहुंचता है यह तो नुकसान पहुंचाता है, इस कहानी का क्या अंत निकलता है क्या नहीं निकलता है मुझे नहीं पता, मैं इसी तरह की कहानियाँ बनाना चाहता हूँ या मैं इसी तरह की बातें करना चाहता हूँ जिससे बस एक सोच मिले, एक सोच पैदा हो मैं किसी इंसान को एक सही राय नहीं दे सकता हूँ तो मैं यहाँ तक अपने आप को मानता हूँ ऐनालाइज करता हूँ कि मुझे नहीं लगता के मैं किसी को उस लेवल पर जाके समझा सकता हूँ, लेकिन मैं उसे गलत करने से रोक सकता हूँ के यह चीज़ गलत है बस मैं इतना बता सकता हूँ कि वो यह जो चीज़ कर रहा है वो यह गलत कर रहा है या जल्दबाज़ी में कर रहा है या फिर तू इतना महान बनने की कोशीश मत कर जितना तू नहीं है और हाँ मैं जनता हूं के जिंदगी में खूबसूरती बहुत मायने रखती है लेकिन आप किसी को अट्रैक्ट कर सकते हो, आप किसी को अपनी तरफ लाके थोड़ी देर बातें कर सकते हो या उसके सामने तुम अपने आप को बहुत कीमती बना सकते हो एक जो कम ऐवरेज है उसके सामने अपने आप को बहुत अलग बना सकते हो, लेकिन ज़िन्दगी भर ठहरने के लिए क्या करना होगा के कोई इंसान तुम्हारे पास जैसे ठहरे जिंदगीभर के लिए यह सिर्फ खूबसूरती की वजह से नहीं हो सकता है, मुझे यकीन है के खूबसूरती कि

औकात सिर्फ बिस्तर तक है मैंने कुछ लिखा था तो वो में सुना देता हूँ फिर खत्म करते हैं इस कहानी को के मुकाबला ही करना था तो इश्क का करती मोहतरमा, हुस्न पर क्या इतराना जिसकी औकात सिर्फ बिस्तर तक है।

# 17

# पीटर पार्कर

इस किरदार को लोग स्पाइडरमैन के नाम से जानते हैं यह एक ऐसा किरदार है जो एक सुपर हीरो है लेकिन इसकी एक खासियत है के पीटर पार्कर कोन है कहां रहता है तो पीटर पार्कर अपनी पहचान को छुपाने में और अपनी फीलिंग्स को छुपाने में बहुत माहिर है और यह अपनी पहचान कूल बनने के लिए नहीं छुपता यह जो पीटर पार्कर है वो अपनी पहचान इस लिए छुपाता है ताकी फैमली पर और गर्लफ्रैंड पर कोई परेशानी नहीं आए कहीं उसके दुश्मन उसकी फैमली पर हमला न करदें और सुपर हीरो होने के बाद भी यह वो प्रॉब्लम का सामना करता है जिसको एक मिडल क्लास लड़का अपनी जिंदगी में फेस करता है जैसे गुस्सा, ब्रेकअप, जॉब की समस्या फाइनेंशियल प्रॉब्लम, दोस्तों की कमी, तो इस किरदार से कहीं न कहीं मैं और एक मिडल क्लास लड़का कनेक्ट हो जाता है और कहानी में स्पाइडरमैन के किरदार को तो सब जानते हैं और बहुत कम लोग लेकिन पीटर को जानते हैं मैं कहीं न कहीं यह मानता हूं के जो असली सुपर हीरो है वो स्पाइडर मैन नहीं है रीयल हीरो जो है वो पीटर है जैसे स्पाइडर मैन को तो बस दुनियां को बचाना होता है और अपने शहर के लोगों की हिफाज़त करनी होती है लेकिन स्पाइडर मैन के किरदार के पीछे एक और किरदार जो है पीटर पार्कर उसने अपनी फैमली, अपना करियर, अपना प्यार, अपनी जॉब सब कुछ उसने दांव पर लगा रखा है, पीटर पार्कर को स्पाइडर मैन का भी किरदार

निभाना है, अपनी पढ़ाई के साथ साथ जॉब करना है और फाइनेंसशियल कंडीशन को देखना है अपनी लव लाइफ को मैनेज करना है, आंट मै का ख्याल रखना है और जिससे वो प्यार करता है उसको वो कुछ महंगे गिफ्ट देना चाहता है जिससे उसके फेस पर एक हसी आए, मुझे लगता है के स्पाइडर मैन से भी ज़्यादा ज़िम्मेदारी पीटर पार्कर के कंधो पर है और यह क्रैक्टर हमे फील करता है के असली हीरो वो नहीं होता जिसके पास कुछ पॉवर या ताकत होती है असली हीरो तो एक मिडिल क्लास इंसान होता है जैसे के मैं और आप और इस करैक्टर का एक ऐसा भी दुश्मन है जिसको वेनम के नाम से जाना जाता है जो पीटर पार्कर के शरीर में घुस कर पीटर को एक पापी बनाने की कोशिश करता है जो उसको कंट्रोल से बाहर करने की हर एक कोशिश करता है, तो हम सब में कहीं न कहीं पीटर पार्कर भी होता है वेनम भी होता है और स्पाइडरमैन भी लेकिन इसके बाद भी पीटर पार्कर हमें सिखाता है के जिंदगी में प्रॉबलम कितनी भी बड़ी क्यों न हो और जब आपके बस में कुछ न हो लेकिन चुनाव करना हमेशा आपके बस में होता है वो आपकी मर्ज़ी है के आप किसको चुनते हो अपने वेनम को जो तुम्हारे अंदर का एक विलेन है या स्पाइडरमैन को जो तुम्हारे अंदर का एक सुपर हीरो है क्योंकि बड़ी बड़ी ताकतों के साथ बड़ी बड़ी ज़िम्मेदारियां भी आती हैं।

तो मैं बात करने वाला हूँ मिडल क्लास लड़के के बारे में, मिडल क्लास लड़के की ज़िन्दगी कमाल की होती है एक लड़की से प्यार हो जाता है में उसकी लव लाइफ के बारे में बात कर रहा हूँ उसको जिंदगी में एक लड़की से प्यार हो जाता है, सच्चा वाला प्यार हो जाता है, फ्यूचर देख लेता है, प्लानिंग कर लेता है फिर बीच मझधार में लड़की छोड़ के चली जाती है और वो प्लानिंग धरी की धरी रह जाती है ना वो इधर का रहता है ना उधर का रहता है और आगे की जिंदगी या तो डिप्रेशन में चली जाती है या फिर कुछ दिनों बाद में जब होश आता है तो वो बहुत कुछ खो चुका होता है, मिडल क्लास जो लाइफ होती है वो बहुत ज़्यादा टफ होती है क्योंकि न आप बिल्कुल नीचे हो न बहुत ज़्यादा ऊपर हो आप बीच में हो तो एक अजीब सी लाइफ होती है लेकिन टफ होती है और मैं मानता हूँ लेकिन कमाल की लाइफ भी मिडिल क्लास लाइफ होती है मतलब एक

अलग नज़रिया बना देती है आपको ज़िंदगी जीने का लोगों को देखने का उस लाइफ से तुम खुश हो या नहीं हो यह तुम्हारे ऊपर डिपेंड करता है यह तुम्हारी मर्ज़ी पर डिपेंड करता है के तुम उसको किस किस तरीके से देखते हो हम जैसे लड़के जो मिडल क्लास के हैं, वो सपने देख लेते हैं आँखें बंद करके और फिर जब हकीकत में आते हैं तो यह सोचते है के पूरे होंगे या नहीं होंगे मतलब ज़्यादा बड़ा तो सपना नहीं देख लिया और एक कमाल की क्वालिटी होती है हमेशा औकात से बाहर के सपने देखे जाते हैं हकीकत में डिसाइड कर लेंगे ठीक है यार होंगे या नहीं होंगे सपने पूरे देखा जाएगा उसके बाद में उन सपनों के पीछे पड़ जाना अब वो पूरे हो या ना हो वो तो बाद की बात है, लेकिन आँखें बंद करके जो सपने देखने का मज़ा हैं ना जो उसका गुरूर है जो पागलपन है वो एक बिलिनेयर लड़का नहीं ले सकता जो मिडल क्लास लड़के है ना वो कोशिश को ही प्लानिंग समझते हैं, योर लुक कूल ब्रो यू नो हेयर स्टाइल बहुत अच्छी लग रही है ब्रो ड्रेसिंग सैन्स टू मच, तो कभी इस तरह के शब्द मैंने सुने नहीं हैं यह अल्फ़ाज़ मेरे लिए बिल्कुल नए थे मतलब हमारे यहाँ पर थोड़ी अलग ही विचारधारा की तारीफ होती थी अबे क्या खाने लग गया दिन ब दिन स्मार्ट लगता जा रहा है मतलब अरे क्या बात है इस बार तो जब बाल कटवा के आया तो साला इंसान लग रहा है पूरा का पूरा और स्मार्ट होगा भी क्यों नहीं बाप पर जो गया और यह क्या तू अपने बाप के जैसे कपड़े पहनने लग गया और कहाँ से लेकर आया इतनी ज़्यादा कीमत के कपड़े और कितने के लिए? और हैरान होकर दोस्तों का यह बोलना क्या यार पांच सौ रुपए हद है यार पांच सौ रुपए की तू शर्ट लेके आया साले सिगरेट के पैसे देने में तेरी जान निकल जाती है पता है उस पनवाड़ी से मैं कितने झूठ बोलता हूँ मैं रोज़ और मेरा यह बोल देना अपने दोस्तों को हाँ यार पैसे आने दे सबसे पहले तेरे पैसे चुकाऊंगा एक बहुत ही कमाल का डाइलॉग हुआ करता था उस टाइम मेरे पास मैंने किसी से सुना था कि जब चायवाला पैसे मांगता था और मेरे पास नहीं होते थे तो मैं यही कह देता था कि भाई दे दूंगा, जीते जी तो तुझे पैसे दे ही दूंगा और तेरे पैसे खा के मैं मरूंगा नहीं और अगर तू मर्द का बच्चा होगा तो दुबारा मांगेगा नहीं और तुम जैसों को मैं पैसे देता नहीं तो ठीक है

यार चलता रहता है इस तरह का जो फील है यह इस तरह की जो फालतू की एनर्जी है ना यह हर किसी लड़के के पास नहीं होती इसे सिर्फ वोही मिडिल क्लास लड़का समझ सकता है इसे पर सिर्फ वोही इसको फील कर सकता है और चाय के पैसे इतने हो गए थे और इतना ज़्यादा कर्ज़ में डूब गया हूँ मैं के ऐसा लगता है अब तो अगले जन्म के अंदर मेरे बच्चे कर्ज़ उतारेंगे, वो किसी की यादें जुड़ी हैं कि बचपन से की एक साइकल खरीदने का उसका ड्रीम हुआ करता था की बस एक साइकल मिल जाए और वो जो साइकल का पागलपन होता है ना कि साइकल खरीदने की जो खुशी होती है और पापा का यह कहना के बेटा अच्छे नंबर लेकर आ पहले तो फिर मिल जाएगी, तो वो जो लड़का बचपन से ही फर्रारी के अंदर घूम रहा है, जो मर्सिडीज के अंदर घूम रहा है, वो नहीं समझ पाएगा, वो नहीं समझ पाएगा और उसके लिए हो सकता है के अगर प्राइवेट जेट लेकर भी खड़ा करदें तो शायद उसको वो खुशी न हो जब एक मिडिल क्लास लड़के के अच्छे नंबर आ जाते हैं तो वो अपने पापा को कहता है के आज जल्दी चलेंगे पापा मेरी साइकिल लेने लेकिन भाईसाहब जो साइकल की खुशी है ना वो अलग ही लेवल की है इस बात को सिर्फ वही लड़का समझ सकता है जो मिडल क्लास होगा, जो उन दोस्तों के साथ रहा होगा स्कूल टाइम में जो यह कहते थे के यह लड़की तुझे देख रही है अरे भाई सच बता रहा हूँ तुझे ही देख रही है और वो कहता है कौनसी वाली, कौनसी वाली? मुझे जानना है के कौन सी वाली और उधर से रिप्लाय मिलता है के तेरी शकल के अनुसार कौन सी लड़की तुझे घास डाल सकती है और मतलब जो मिडल लड़का स्कूल टाइम में अपनी औकात से ज़्यादा की चॉकलेट खरीद के लड़की को दे रहा है उसके लिए या तो उसने अपने चार दोस्तों से पैसे उधार लिए हैं या वो पैसे जोड़ रहा है या फिर हफ्ते भर से उसने पैसे खर्च नहीं किये या फिर हफ्ते भर से वो जो चाय सिगरेट जो पी रहा है उसके पैसे उसके दोस्त दे रहे हैं तब जाके वो एक लड़की को अपनी औकात से बाहर की चॉकलेट दे पाता है इसलिए नहीं कि लड़की को इम्प्रेस करना है वो इसलिए है कि यार जब वो महंगी चॉकलेट उस लड़की को दे और लड़की को देखने के बाद जो स्माइल आती है ना तो उसका एक प्राउड करने वाली जो फीलिंग होती है अंदर से बाकी दुनिया

तो इसका कुछ अलग मतलब निकाल लेती है कि यह देखो के पैसे खर्च कर रहा है नहीं यार बात पैसे खर्च करने की नहीं है लेकिन कुछ लोगों की थिंकिंग अलग होती है, जो एक मिडल क्लास के लड़के बयां नहीं कर सकते एक अलग सी फ़ीलिंग होती है कि यार ठीक है, जो चीजें हमें नहीं मिली वो चीज़ हम उसको दें जिससे हम प्यार करते हैं और हमें नहीं पता यार के महंगी चॉकलेट का स्वाद कैसा होता है लेकिन बस में इस लड़की को वो चॉकलेट देना चाहता हूँ कि एक बार यह मेरे सामने खाए और बस में मैसेज देना चाहता हूँ उस चॉकलेट के ज़रिए अपने प्यार का के में उससे प्यार करता हूं और उसको अच्छा लगे और वो खुश हो जाए बस और उस लड़की के होंठों की वजह में बनना चाहता हूं उस पल के लिए, क्योंकि महंगी चीजें ना मिलने का जो दर्द होता है ना वो सिर्फ वही जानता है जिसे वो महंगी चीजें ना मिली हों हम उस तरह के लड़के होते हैं जो स्कूल से बंक मार के कभी भी घर नहीं जाते थे या तो स्कूल के किसी नुक्कड़ पर बैठ जाना, वही चाय, सिगरेट या फिर किसी पार्क में जाकर बैठ जाना और फालतू की बातें करना अब स्कूल से बंक मार के घर कौन जाता है में उन लोगों की बातें बिल्कुल नहीं कर रहा है जो स्कूल ना जाने की वजह से बहाने मारते हैं के आज मुझे फीवर हो रहा है प्लीज़ मम्मा घर पर रुक जाऊं क्या और घर पर पड़े पड़े वो वीडियो गेम खेलते हैं और बस पड़े रहते हैं हम उन लोगों में से कभी नहीं आए हमारी अगर कभी तबियत खराब भी हुई है या तो हुई नहीं है मिडल क्लास के जो लौंडे रहते है एक एज रहती है जैसे दस से बारह पंद्रह अठारह के बीच में या तो उस उम्र में तबियत खराब हुई नहीं है और अगर होती भी है तो डॉक्टर के पास लेकर घरवाले जब जाते थे तो डॉक्टर सिर्फ इतना से कहता था इसे सिर्फ घर में रख लेना ठीक हो जाएगा, मतलब बहार मत जाने देना कभी यह नहीं बताया कि इसको अंदर रखना और हाथ साबुन से अच्छे से वॉश कर करवाना उस वक्त कोविड नहीं हुआ करता था डॉक्टर भी साले लेजेंड ही थे उस टाइम के अरे ठीक हो जायेगा घर पर रखो मौसम खराब है चलता रहता है, घर वालो ने बहुत प्यारे तरीके से पाला है, सबको पाला है मिडल क्लास के हर बच्चों को उनकी फैमिली बहुत अच्छे और प्यार से पालती है, बस नाजुक तरीके से नहीं पाला नाजुक तरीका एक अलग होता है,

बहुत अलग होता है मैं उस वक्त की बातें बता रहा हूँ के मिडल क्लास फैमिली में जब बच्चे की एज बहुत छोटी होती है मुझे नहीं पता बोर्नबिटा पीके कैसे स्कूल जाया जाता है या बोर्नबिटा या दूध पी के उस तरीके से कैसे सोया जाता है में नहीं जानता कभी एक्सपिरियंस ही नहीं हुआ, और मिडिल क्लास लड़के की एक बात जो होती है के एक लड़की है जो तुम्हें बहुत ज़्यादा पसंद आ जाती है और लड़की तुम्हारी औकात से बाहर की होगी जिसे आज की डेट में कहते है ना Crush जो 72mm के परदे पर देख के अक्सर लोगों को हो जाता है हिरोइन से हो जाता है मॉडल से हो जाता है, हमारी एज में एक मिडल क्लास फैमिली के लड़के या तो उनको स्कूल में कोई लड़की पसंद आएगी जो औकात से बाहर की होगी या फिर मोहल्ले की कोई लड़की जो बहुत ही ज़्यादा औकात से बाहर की होगी और भाईसाहब अगर उसका गलती से रिप्लाइ आ जाये या वो सामने से बात कर भी ले दिन बन जाता है और उस वक्त ऐसा लगता है के सपना पूरा हो गया बात थोड़ी सी काल्पनिक है मैंने कहा ना जो आँखें बंद करके सपने देखने का मज़ा है जो सुकून है पागलपन है, वो हर एक के पास नहीं होता मना के यह बात काल्पनिक है लेकिन यह बात ही अलग है यार मिडल क्लास लड़के में क्या होता है ना के ज़्यादा तर मिडल क्लास लड़के अपने बाप को गले नहीं लगा पाते वो शर्म जो बोलने में होती है मतलब के बाप से उस तरीके से खुल नहीं पाते मैंने आज की डेट में देखे हैं बहुत सारे जो फैमिली रहती है वहाँ पर बहुत आसानी से कह दिया जाता है डैड आई लव यू मैंने अपने पापा को आज तक आई लव यू नहीं बोला, क्या करूं बोला ही नहीं जाता है यार हमसे, मतलब पता नहीं कुछ तो होती होगी मिडल क्लास लड़को की प्रॉब्लम के बस नहीं बोला जाता है और आज भी उसी चीज़ को कहीं ना कहीं में मिस करता हूँ क्योंकि जब जिंदगी आपके माँ बाप के साथ खेल रही होती है ना उनका इम्तिहान ले रही होती है तो तुम्हें खिलौने से खेलने की इजाज़त ना वक्त देता है ना जिंदगी देती है, ना तुम्हारी फैमिली देती है, हम मिडल क्लास लड़के मजबूर हो जाते हैं मिडल क्लास लड़का इस बात को समझ सकता है के एक बहन होती है उसकी शादी से पहले तक वो अपनी बहन से बहुत लड़ेगा हर चीज़ में उसे प्रॉब्लम होगी और तकलीफ होगी लेकिन वही लड़का अपनी बहन

की शादी में बिदाई के वक्त सबके सामने फूट फूट के रोता है, वो बचपन में बहुत शोर करते हैं वो दोस्तों की टीम में भी बहुत दादागीरी करते हैं इधर-उधर की बातें करते हैं और अचानक वो लड़कें एक दिन खामोश हो जाते हैं और लोग वजह पूछते हैं के क्या हो गया अचानक ऐसा क्या हो गया लेकिन उस खामोशी को एक बार खामोश हो के सुनो तो सही तुम्हें ज़िम्मेदारी नाम का शब्द सुनाई देगा, मेरे खयाल से मिडल क्लास जो लोग हैं जीतने भी होते है वो ज़िम्मेदारियाँ लेते नहीं उन पर ज़िम्मेदारी डाल दी जाती है और उन पर अपने आप आ जाती हैं के भाई संभालो अब इन ज़िम्मेदारीयों को और वो न चाहते हुए भी संभालना पड़ती हैं उनको फिर जब लोग ताने मारते हैं के हाँ भाई बदल गया है यार थोड़ा सा बड़ा क्या हो गया बदल गया, तो उनका थोड़ा सा हल्का सा मुस्कुरा देना रिप्लाइ तक नहीं करना बस मुस्कुरा दिया कोई ज़्यादा फोर्स कर रहा है के तू बदल गया पहले जैसा नहीं रहा किसी दोस्त के बुलाने पर नहीं जाना और कहना के ऐसी कोई बात नहीं है बस वो थोड़ा सा काम में बिज़ी रहने लग गया हूं तो रिप्लाइ नहीं दे पाया, क्योंकि उस रिप्लाइ का जवाब उनके खुद के पास नहीं है के क्या बात करूँ अभी कुछ दिन पहले मुझे पता नहीं था मुझे जिंदगी में क्या करना है? मैं साला इधर से उधर आवारा फिरता था आज अचानक ज़िम्मेदारी आ गई मैं समझ नहीं पा रहा हूँ क्या हो गया? जो लड़के सबसे ज़्यादा सैक्रिफ़ाइस करते हैं ना वो मिडल क्लास के ही होते हैं, वो मैंने कहा है ना की आँखें बंद करके सपने देख लेना उनमे मज़ा बहुत है औकात से बाहर का सपना देख लेना और फिर उन सपनों को हकीकत में आने के बाद सोचना फिर पूरे करना जिस हिसाब से प्लानिंग होती नहीं है, लेकिन फिर वो उनके पीछे भाग रहे हैं तो कहीं ना कहीं ज़िम्मेदारी तुम्हारे पांव पकड़ लेती हैं कि नहीं हम तुम्हें नहीं जाने देंगे जो तुम कल्पनाओं के पंख लगाते हो के नहीं मुझे हकीकत में उड़ना है और उन लड़कों पर बोझ इतना डाल दिया जाता है और इस बोझ के बाद भी तुम तुम्हारे सपनों को मरने नहीं देना चाहते और उन सपनों के साथ अपनी ज़िंदगी को बसर करना और फिर धीरे-धीरे हो सकता है के तुम जॉब कर रहे हो कहीं पर काम कर रहे हो तो जब खाली वक्त मिलता है या तो पुरानी यादें सोच के वक्त बिता

लिया जाता है या फिर जब एक वक्त के साथ उम्र हो जाती है तुम्हारी और तुम्हारे अब ऑफिस में काफी सारे लोग तुमसे मिले हैं हो सकताहै किसी फैमिली फंक्शन में मिले हों, तुम्हारे दोस्त पीछे छूट गए हों फिर उनसे बस उसी तरह की बातें होती हैं जो फॉर्मैलिटी वाली होती हैं, फिर एक वक्त आता है कि तुम अपनी छत पर किसी रिलेटिव के साथ खड़े हो या तुम्हारे पुराने दोस्त या तुम्हारे ऑफिस में कोई काम करता था जो तुमसे बहुत करीब हो गया उसके साथ खड़े हो और तुम उसे बता रहे हो के वो जो घर दिख रहा है यह अभी नया बना है, तुम्हारा खुद का घर बहुत ज़्यादा बदल चुका है मतलब पूरा चेंज हो चुका है आसपास जहाँ पर खाली प्लॉट थे वहाँ पर मकान बन चूके हैं और तुम छत पर खड़े होकर बता रहे हो के यह घर अभी भी बना है ठीक है यहाँ पर पहले क्रिकेट ग्राउंड हुआ करता था हम खेला करते थे सारे दिन वो जो वो दिख रहा है वो घर यहाँ से बिलकुल साफ दिखा करता लेकिन अब नहीं दिख रहा है लेकिन उस वक्त दिखा करता था उसके बाद में तुम अचानक से मुस्कुराते हो, बातें खत्म हो जाती हैं एक लंबी सी सांस लेते हो और अब फैमिली के अंदर एक अंत आता है हर एक इंसान का के फैमिली खत्म होने के बाद नए चेहरे आते हैं सामने एक नई फैमिली स्टार्ट होती है ज़िंदगी कब शुरू हुई, कब खत्म हो गयी कुछ पता ही नहीं चला बहुत सारे किस्से थे, बहुत सारी यादें शायद जो मैं समेट ही ना पाऊं अब सिर्फ ज़िंदगी है और एक चीखने वाली खामोशी, वो खामोशी जिसे सिर्फ तुम सुन सकते हो।

माना के बड़ी-बड़ी ताकतों के साथ बड़ी बड़ी ज़िम्मदारीयां भी आती हैं लेकिन यही जिम्म्मेदारियां कब न जाने बीमारियां बन कर हमारे सपनों को भी खा जाती हैं इंसान के सुकून का एक ही वक्त होगा जब फ्लैश बैक की तरह उसकी गुज़री हुई ज़िंदगी उसके सामने आ जाएगी जब आंखों में आंसू होंगे और वो सोच रहा होगा के जब वक्त सही था तब मैं खुश नहीं था और जब आज मैं खुश हूं तो वक्त गलत है क्या यही अखरी वक्त है और सच कहूं तो वो उसका ही वक्त होगा, सुकून का वक्त होगा, आखरी वक्त होगा।

# 18

# ट्रेन & स्टेशन

तुम ट्रेन का टिकट लेकर ट्रेन के अंदर बैठ जाते हो, लेकिन तुम्हें यह नहीं पता तुम्हें जाना कहाँ है, बस तुम कन्फ्यूजन के अंदर हो, फिर ट्रेन चलने लगती है और तुम्हारी वो कन्फ्यूजन फ्रस्ट्रेशन में बदल जाती है फिर स्टेशन आता है, लोग उतरते हैं और तुम्हारी फ्रस्ट्रेशन मायूसी के अंदर बदल जाती है, पता है क्यों, क्योंकि तुम्हें पता नहीं है तुम्हें जाना कहां है, तुमने बस टिकट ले लिया अब तुम लोगों को हर स्टेशन पर उतरते हुए देखोगे और मायूस रहोगे पहले कन्फ्यूजन में थे, फिर फ्रस्ट्रेशन में अपके चहरे पर एक मायूसी छा जाती है और एग्ज़ैक्ट्ली सेम ऐसा ही होता है जब तुम रिलेशनशिप में चले जाते हो, लड़का हो या लड़की हो और तुम्हें यह पता नहीं होता के तुम उस रिलेशनशिप के अंदर क्यों हो, तुम्हारी खुशी के लिए या तुम एक उलझन के अंदर हो या तुम्हें जाना चाहिए था क्योंकि तुम्हारी एक उम्र हो गयी है रिलेशनशिप में जाने के लिए और तुम्हें यह भी नहीं पता कि तुम्हें रिश्ते को पहुंचाना कहां है एग्ज़ैक्ट्ली सेम फीलिंग होती है कन्फ्यूजन, फ्रस्ट्रेशन और उसके बाद में सिर्फ और सिर्फ मायूसी मेरे पास काफी सारे इस तरह के लोग आते थे कि भाई लड़का है, लड़की है मुझसे प्यार तो करता है, और वो लॉयल है, लेकिन कभी-कभी लगता है के वो मुझसे प्यार नहीं करता, कभी-कभी लगता है के वो प्यार तो करता है और कभी-कभी लगता है के मेरे अलावा उसकी जिंदगी में और भी बहुत सारी इम्पोर्टेन्स चीज़े हैं और कई लड़कों

की तो यह भी शिकायत रहती है की मेरी गर्लफ्रेंड का जो मेल बेस्ट फ्रेंड है उसकी मुझ से कई ज़्यादा इज़्ज़त है जबकी मैं उसका बॉयफ्रेंड हूँ, मेरी इज़्ज़त ज़्यादा होना चाहिए और फिर मेरा यही ख्याल रहता है के यह जो बातें हैं तुझे किसने बताई के तेरी इज़्ज़त ना करके गर्लफ्रेंड अपने दोस्तों की ज़्यादा इज़्ज़त कर रही है उनकी ज़्यादा रिस्पेक्ट करती है और उनको ज़्यादा इम्पोर्टेन्स देती है, मेरे ख्याल से दुनिया के अंदर कोई भी लड़की इतनी बेवकूफ नहीं है जो इस तरह की बातें अपने बॉयफ्रेंड से करेगी और इस तरह की हरकतें करेगी मुझे लगता है के यह अंदाज़ा उसने खुद लगाया है अपने दिमाग से, अपने तरीके से, मुझे एक बात समझ में नहीं आती है जब तुम्हें ट्रस्ट नहीं है, जब तुम्हें खुद पर भरोसा ही नहीं है, तो तुम रिलेशनशिप में जाते क्यों हो, लड़का हो या लड़की क्यों जाते हो टाइम पास करने के लिए या उम्र हो गयी है इसलिए या कूल बनना है या फिर हमें तो टाइम स्पेंड करना है अच्छी बातें करनी हैं या रोमैन्टिक बातें करनी हैं, रिश्ता शुरू कर लिया है लेकिन यह नहीं पता कि शुरू किया है तो खत्म क्यों करना है और रिश्ते के बीच में क्या करना है, उसका रिश्ते का किस तरह से सामना करना है, तो क्यों जाते हो भाई जबरदस्ती है क्या, तो सफर करने का मज़ा भी तब आता है, जब तुम्हें यह पता हो कि तुम्हें पहुंचना कहां है और जब तुम्हें यह नहीं पता होगा कि मुझे पहूँचना कहां है तो सफर करने का मज़ा भी नहीं आएगा, ट्रेन की टिकट तो खरीद ली, बैठ भी गए कन्फ्यूजन है, फ्रस्ट्रेशन है, उसके बाद मायूसी होगी पहले यह डिसाइड करो कि तुम रिलेशनशिप के अंदर चले गए अच्छी बात है, चले गए, जो एक फीलिंग्स है के क्यों गए हो तुम्हें अच्छा लगता है, उसके साथ टाइम स्पेंड करना, तुम्हें अच्छा लगता है उसके साथ बातें करना या उसे टच करना और उसके साथ घूमने जाना, उसके साथ मूवी देखना या जो भी हो अच्छा लगता है, या जस्ट बस चले गए कुछ पता नहीं है और फिर तुम्हें उस लड़की पर भरोसा नहीं है या तुम्हें उस लड़के पर भरोसा नहीं है जिसके साथ तुम अभी रिलेशनशिप के अंदर हो उसके बाद तुम रैंडम किसी बंदे के ख्यालात जानना चाहते हो कि वो क्या सोचता है, इस सिचुएशन में क्या सोचता है, मैंने बहुत पहले कुछ लिखा था फिर काफी लोग ऑफेंड हो गए थे कि जो भरोसा

करते हैं, वो शक नहीं करते हैं मतलब जो प्यार करते हैं वो शक नहीं करते हैं, तो काफी लोगों ने कहा नहीं जहाँ प्यार होता है वहाँ शक होता है, तो मैं अब भी यही कहूंगा के जहाँ प्यार होता है वहाँ शक नहीं होता, मेरे भाई शक क्यों करना है? क्या खुद पर इतना भी भरोसा नहीं है, कि जो इंसान तुमसे प्यार कर रहा है, तुम्हें खुद को इस काबिल बनाना है के वो तुम्हें छोड़ के नहीं जायेगा और अगर छोड़ के जायेगा तो इसमें उसका ही नुकसान है, तुम्हारा कुछ भी नहीं है, क्योंकि तुम्हारे जैसा बंदा या बंदी उसे पूरे दुनिया के अंदर नहीं मिलेगा थोड़ा बहुत प्राउड तो कर लेना चाहिए यार खुद पर बस इस सवाल का मेरे पास यही जवाब था, और आज मैं शेयर करने वाला हूँ तुम्हारे साथ एक बहुत ही प्यारी सी स्टोरी जो मॉर्डन लव स्टोरी है तो देखिये मुझे एक दो बातें इस कहानी की काफी अच्छी लगीं और वाकई में मुझे बहुत अच्छी लगीं क्योंकि जिस तरह से दिखाया गया है उसमें प्यार को और जिस तरीके से फीलिंग्स को बताया जाता है वो कुछ अलग ही था उसके अंदर एक बहुत ही कमाल की लाइन आती है उसकी स्टोरी यह है कि एक लड़का और एक लड़की एक ऑफिस में इंटरव्यू देने जाते हैं जहाँ पर वो दोनों मिलते हैं उनको पहली नज़र में प्यार हो जाता है लड़का उसे इंप्रेस कर देता है वो घूमने जाते हैं, वहाँ फिर किस हो जाता है उसके बाद में उन दोनों का मिलना झूलना वो लड़का उस लड़की की फैमिली से मिलता है फिर उनकी सगाई हो जाती है, उसके बाद में लड़की एक दिन उसे यह कहती है कि कॉलेज के दिनों में उसका एक एक्स ब्वॉयफ्रेंड था वो उसके साथ मिली वो थोड़ा डिप्रेशन में था थोड़ा उदास था तो हम दोनों ने किस किया और मैं उसके साथ सोई और साथ में हम दोनो ने रात गुज़ारी तो फिर वो लड़का इतना सब बोलता है कि तुमने उसके साथ जस्ट किस किया था या फिर तुम अपने एक्स के साथ सोई हो, वो लड़की बोलती है के मैं सोई हूँ, फिर वो लड़का अपना सामान पैक करता है और उस लड़की की कुछ नहीं सुनता और लड़की बोलती है के मैं बस उसके साथ सोई हूं फिर थोड़ा सा लिटिल बिट हुआ हम दोनों में, लेकिन मैं प्यार तो तुमसे करती हूँ और वो लड़की कहती रहती उस लड़के से कि मैं सिर्फ तुमसे ही प्यार करती हूँ तुम्हारे अलावा मैं किसी को भी नहीं चाहती, तो वहाँ पर वो लड़का एक बहुत ही कमाल की एक

लाइन बोलता है के तुम मुझे यह बातें क्यों बता रही हो और वो लड़की कहती है कि मैं तुम्हें यह बातें इसलिए बता रही हूँ कि मैं तुमसे प्यार करती हूँ, ट्रू लव करती हूं तो वहाँ पर वो लड़का एक लाइन बोलता है वो बहुत प्यारी लाइन है और वो लाइन का मतलब यह है के दो प्यार करने वालों के बीच में एक रिश्ते का धागा होता है जो सिर्फ भरोसे पर टिका होता है और दो इंसान उस रिश्ते के धागे के आमने-सामने एक दूसरे की तरफ होते हैं, मतलब एक इस तरफ तो दूसरा उस तरफ, तो सिर्फ एक धागे भर तक का फर्क है और वो यह कहता है के तुम मुझे यह सब इसलिए नहीं बता रही हो कि तुम मुझसे प्यार करती हो, ट्रू लव करती हो, तुम मुझे इसलिए बता रही हो क्योंकि तुम गिल्ट फील कर रही हो और आज की डेट में रिलेशनशिप के अंदर यह एक बहुत बड़ा पागलपन है कि हम यह बातें कहकर बताते हैं क्योंकि मैं तुम पर ट्रस्ट करती हूँ, मैं तुम्हें धोखा नहीं देना चाहती इसलिए मैं बता रही हूँ कि मैं आज उससे मिलने गयी तो अगर तुम एक हद तोड़ के एक दायरा तोड़ के कहीं और किसी के साथ रिलेशन में जाती हो या कुछ भी करती हो, तुम सब कुछ सच बताती हो तो इसका यह मतलब नहीं है के तुम मुझसे प्यार करती हो जस्ट बिकॉज़ तुम गिल्टी फील कर रही हो और वो कहता है के प्यार भरोसे का दूसरा नाम है अगर तुम मुझसे प्यार करती है तो ऑब्वियस्ली मैं तुम पर भरोसा करता हूँ अगर तुम्हें पता होता के तुम्हें तुम्हारे एक्स के साथ नहीं जाना है लेकिन तुम चली गईं उसके साथ, तुम दोनों में जो भी लिटिल बिट हुआ उस दिन, तो अब तुम अफसोस में हो लेकिन जाने से पहले तो तुम होश में थी ना और वो सामान पैक करके चला जाता है फिर काफी साल बाद में काफी सालों तक वो खुद को यह यकीन दिलाता है के मैंने अब मूव ऑन कर लिया है तो वो लड़का अब किसी और के साथ रिलेशनशिप में चला जाता है और वो लड़की भी किसी और के साथ रिलेशनशिप में चली जाती है, लेकिन एक दिन सालों के बाद में वो एक फुटपाथ से गुज़र रहे होते हैं वो लड़का इधर से जा रहा है लड़की उधर से आ रही होती है, वो लड़का अपनी नई गर्लफ्रेंड के साथ होता है और वो लड़की अपने नए बॉयफ्रेंड के साथ होती है और वो लड़का देखता है, उस लड़के को अपना बीता हुआ कल याद आ जाता है फिर उसकी जो सालों

की इमैजिनेशन बनी हुई थी खुद के पास्ट को लेकर फिर वो सारी उभरने लगती है फिर वो यह फील करता है अंदर से कि मैं सिर्फ नाटक कर रहा था मूव ऑन करने का मैं सिर्फ नाटक कर रहा था के मैं भूल चुका हूँ, मैं सिर्फ अपने आप को धोखा दे रहा था अगर मैं मूवऑन कर चुका होता अगर मैं उस लड़की को भूल चुका होता, माना के उसने मुझे धोखा दिया है, माना के गिल्ट में होके यह सब बातें मुझे बताई गईं हैं तो शायद आज मुझे फर्क नहीं पड़ना चाहिए था के मैंने उसे सड़क पर देखा मुझे फर्क बिल्कुल भी नहीं पड़ना चाहिए था, के वो किसी और के साथ है जबकि मैं भी तो किसी और के साथ हूँ, मैं किसी और के साथ सिर्फ इसलिए हूँ के जो मेरा अकेलापन है मैं उसे बांटना चाहता हूँ के मैं अब उससे प्यार नहीं करता फिर वो उस लड़की को कॉल करता है उसे पता लगता है कि उसकी सगाई हो चुकी है और यह सारी बातें वो जो एक जर्नलिस्ट होती है उसे बता रहा होता है, फिर यह कॉलम एक मैगज़ीन में या कहीं पर छपता है फिर वो लड़की जब लास्ट में कॉलम पड़ती है उसके बाद वो लड़की भी यह महसूस करती है के नहीं यार कहीं ना कहीं मैं भी प्यार उसी से करती थी और एंड में वो वहीं मिलते हैं जहाँ पर उन्होंने फर्स्ट मीटिंग में किस किया था फिर यह कहानी खत्म हो जाती है, तो इस तरह की कहानियाँ इस तरह की फीलिंग जो होती हैं ना के तुम्हें समाज के दायरों से थोड़ा हटकर सोचना होता है जैसे मैंने हम दिल दे चूके सनम का एक एग्ज़ैम्पल दिया था कि लास्ट में जो नंदिनी का कैरेक्टर है वो समीर से कहता है मेरी शादी हो चुकी है फिर यहां दिक्कत यह है के यहाँ के लेखक रस्मों रीती रिवाज का सहारा लेकर और जो फीलिंग होती है उसको है एक बहुत छोटे लेवल पर दबा दिया जाता है अगर मेरे जैसा इंसान जो कि आगे हो सकता है फ्यूचर में मैं इस तरह की कहानियां लिखे तो उसके अंदर यह कैरेक्टर में बिल्कुल भी नहीं दूंगा के एक लड़की है जो किसी और से प्यार करती है लेकिन अब वो किसी और के साथ है और उसने किसी और से शादी कर ली तो एंड में जाके वो एक लड़के को इसलिए प्यार करना छोड़ देती है, क्योंकि उसकी शादी हो गयी है और उसकी फीलिंग्स बदल चुकी है उसे वनराज पूरे लंदन में घूमा रहा था, उसके लिए लड़ रहा था, उसके पास टिकट के पैसे नहीं थे, तो जस्ट इंसान बदल जाता है और यही कहानी का

एक फीलिंग्स का एक सही तरीका है लोगों को बताने का मुझे नहीं पता है इस कहानी की शुरुआत कहाँ से हुई थी मुझे नहीं पता है यह किस अंत तक पहुंचेगी लेकिन इसका एंड ऑफ द मोरल यही निकलता है के भरोसा जो प्यार का दूसरा नाम है और गिलटी होने में बहुत ज़्यादा फर्क है और अगर तुम किसी से प्यार करते हो तो ट्रस्ट करना सीखो अगर नहीं कर सकते तो साफ मना कर दो के प्लीज़ किसी और या किसी तीसरे बंदे से या अंजान किसी बंदे से यह तो बिलकुल मत पूछो कि तुम्हें क्या करना है रिलेशनशिप के अंदर, अब में आपको एक रियल एग्जांपल देता हूं मेरा एक फ्रेंड था उसकी गर्लफ्रेंड है, वो कोचिंग में पढ़ती है फिर वो आके मुझे खुद बता रहा है, के उसकी बंदी कितनी लॉयल है वो बोल रहा था के मेरी वाली अलग है और वो सबसे अलग है वो मुझसे हर बात शेयर करती है कि कोचिंग में उसको किसी लड़के ने प्रोपोज़ किया तो उसने मुझे बता दिया तो इस वजह से वो लड़की कितनी अलग है, वो खुद बता रही है, तो उसके बाद मैंने कुछ भी नहीं पूछा, मैंने सिर्फ इतना कहा, के यह बात यहाँ तक पहुंची कैसे वो लड़का बोला सॉरी मैं कुछ समझा नहीं, मैंने कहा नहीं तेरी गर्लफ्रेंड को किसी ने कोचिंग में जो साथ में पढ़ता है एक लड़का उसने प्रोपोज़ कर दिया तो बात यहाँ तक पहुंची कैसे है, तो वो लड़का बोला शायद मेरी गर्लफ्रेंड उसको अच्छी लगी होगी और वो खूबसूरत है, वो अच्छी लगती है फिर किसी रैंडम बंदे ने कर दिया उसे प्रोपोज़, मैंने कहा के अच्छा यह बता के तू कर सकता है क्या किसी भी लड़की को प्रोपोज़, तू ज़रा सोच एक बार के तू किसी कोचिंग में है, वहाँ तू एक लड़की को देखता है जो खूबसूरत है तेरे हिसाब से क्या तू उसे प्रोपोज़ कर देगा, उसने कहा नहीं में नहीं करूंगा, तो फिर हो सकता है वो लड़का अलग हो जिसने तेरी गर्लफ्रेंड को प्रोपोज़ किया हो या यह भी हो सकता है के तेरी बंदी अलग हो वो हर किसी को सर चढ़ा लेती हो या कुछ अलग भी हो सकता है अब प्रोब्लम इस बात में नहीं के उस लड़के ने तेरी गर्लफ्रेंड को प्रोपोज़ किया है और बाद में तेरी गर्लफ्रेंड ने तुझे बता दिया, प्रॉब्लम यह है कि उस लड़के ने बहुत जल्दबाज़ी कर दी अगर यही प्रपोज़ल का सिलसिला वो एक है डेढ़ महीने या दो महीने बाद में करता ना तो आज तू मेरे पास बैठकर रो रहा होता, तो वो बोलता है के नहीं-नहीं यार मुझे

वो सारी बातें बताती है नहीं एसा नहीं हो सकता वो सिर्फ मुझसे प्यार करती है, तो इस बात पर में अब यही कहूंगा के वो सिर्फ तुझे वो बातें बताती है, जो तुझे जानना ज़रूरी है और यह गलतफैमी निकालदो अगर कोई भी कितना बड़ा प्लेबॉय हो, कि वो लड़की को जानता है, लड़की को कोई नहीं जान सकता, कोई नहीं जान सकता, लड़की सिर्फ तुम्हें वो बातें बताएगी जो उसे लगता है कि तुम्हें बताना ज़रूरी है, जिससे तुम्हारे जज़्बात और तुम्हारे अंदर का गुरूर ना टूटे में जनता हूं के तुम जो हो बहुत कूल बने फिरते हो, तो वो लड़की तुम्हारी औकात दो टके की नहीं करना चाहती तो लड़की सिर्फ तुम्हें वो बातें ही बताएगी जो तुम्हें अच्छी लगती हैं, तो लड़की सिर्फ नज़रों से इतनी बेइज्जती कर सकती है के तुम सोच भी नहीं सकते, मर्द का बेइज्जती करना सिर्फ़ चीखने-चिल्लाने और तेज़ आवाज़ में और भारी आवाज़ में दिख सकता है लेकिन एक लड़की की खामोशी जो बेइज्जती करती है ना वो बहुत उम्दा होती है, तो अगर तुम्हें लगता है के तुम बिना टिकट के ट्रेन के अंदर बैठ गए हो, तुम्हें नहीं पता के तुम्हें कहाँ जाना है, तो सबसे पहले तो उस टिकट को हाथ से देखो और उसको फाड़ के फेंको, सिर्फ स्टेशन पर खड़े हो जाओ या कहीं दूर चले जाओ और फिर डिसाइड करो के तुम्हें जाना कहाँ है फिर उसके बाद में तुम टिकट को खरीदो, वरना घूमते रहोगे लोगों को स्टेशन पर उतरते देखते रहोगे, मायूस होते रहोगे, फ्रस्ट्रेशन में होते रहोगे और कन्फ्यूजन में रहोगे जिंदगीभर स्टेशन पर जो लोग उतर रहे हैं, मेरा मतलब था कि रिलेशनशिप के अंदर जो मोमेंट होते हैं, जो हर एक पल होते हैं उस पल को गुज़रते हुए देखोगे के हाँ, यह पल भी चला गया, यह पल भी चला गया, तो अगर तुम उन पलों को एन्जॉय नहीं कर पाओगे और तुम उन पलों में खुश नहीं रह पाओगे, तुम उन पलों को फील नहीं कर पाओगे, तुम अपने आप को दुनिया का सबसे खुशनसीब इंसान नहीं समझ पाओगे और फिर मतलब क्या निकलेगा किसी भी चीज़ का पूर्णतुम्हें सिर्फ मायूसी हाथ लगेगी सिर्फ मायूसी, समझने की कोशीश करो और रस्मों रिति रिवाज का सहारा लेके प्यार मत करो किसी भी रिश्ते के ऊपर बोझ मत बनाओ, किसी भी इंसान से यह नहीं कहो अब वो लड़का हो या लड़की के तू अपने मेल बेस्टफ्रेंड की ज़्यादा इज़्ज़त करती है

और मेरी नहीं और यह तो बिलकुल नहीं कहो किसी लड़की को के या तो तू उसको इज़्ज़त दे या मुझे इम्पोर्टेन्स दे के मैं अब चुनाव करवाऊंगा के तेरा दोस्त या फिर मैं, तो अब तू मुझे चुन चीख चीखकर, गिरबान पकड़ के थप्पड़ लगा के या फिर गालियां बक के किसी को यह मत बताओ की तुम्हारी इम्पोर्टेन्स क्या है या तुम्हें इज़्ज़त देनी चाहिए या नहीं देनी चाहिए और तुम अपने आप को इस काबिल बनाओ कि तुम्हें लोग खोने से डरें सामने वाला तुमसे बिना कहे तुम्हें इज़्ज़त दे तुम्हारे बिना बोले तुम्हारी बातों को समझे, तुम्हारा जो शरीर होता है, उस पर जब चोट लग गयी तो वो तो दिख जाए लेकिन इंटरनली जो अंदर जो आत्मा होती है, जो फीलिंग्स होती है, जो दुख होता है वो तुम्हारी आँखों में देखे और अंदाज़ा लगा सके उसके लिए तुम्हें भी ईमानदार रहना होगा फिर देखना जब तुम ट्रेन का टिकट लोगे तो ट्रेन के अंदर जाने में भी बहुत मज़ा आएगा कन्फ्यूजन नहीं रहेगा और जब सफर चालू होगा तब भी बहुत मज़ा आएगा जब लोग इस स्टेशन पर उतरेंगे तो तुम बहुत खुश होगे यह देख के कि अगला स्टेशन मेरा है या उससे अगला मेरा है अब सफर मेरा खत्म हो जाएगा के मेरा इंतजार कोई अगले स्टेशन पर कर रहा है के है कोइ जो सिर्फ मेरा इंतज़ार कर रहा है, बहुत मज़ा आएगा जिंदगी जीने में और थोड़ा सा समझने की कोशीश करना, तो अब आप मेरी बातों का मतलब कुछ भी निकाल सकते हो, तुम पर डिपेंड करता है इससे ज़्यादा मैं कुछ नहीं कहूंगा।

# 19

# ज़िंन्दगी के ख्यालात

तो प्यार मोहब्बत पर काफी बातें हो चुकी हैं इस किताब में तो कुछ बातें ज़िंदगी के ऊपर भी हो जानी चाहिए तो अब लाइफ के ऊपर ही बातें करते हैं, अब तुम तुम्हें पता है लाइफ के ऊपर जब बात होती हैं, तो कहीं ना कहीं बोरिंग होती है, एग्ज़ाम्पल के तौर पर बताऊँ तो, शाहरुख खान हर कोई बनना चाहता है, ऋतिक रोशन हर कोई बनना चाहता है, हर कोई टॉम क्रूज़ बनना चाहता है, लेकिन उनके जितनी मेहनत कोई नहीं करना चाहता, मतलब सेंस ऑफ ह्यूमर हर किसी को चाहिए लेकिन किताबें कभी भी किसी को नहीं पढ़नी और ना ही किसी को अच्छी-अच्छी चीजें देखनी हैं और में अपना तजुरबा किताबों के मामले में बताऊं तो पहली बात तो यह है की 2014-2017 तक तो सिर्फ हिंदी फ़िल्म देखी हैं मैंने भाई साहब, और फिर फिल्मों से रिलेटेड ही बातें पड़ी हैं उसके बाद में जब हॉलीवुड का सिनेमा देखना स्टार्ट किया तो उसके के बाद में पता चला कि सिगरेट को पीने से आप कूल बन सकते हैं अपने अन्दर एक एटीट्यूड ला सकते हैं लेकिन मैं सिगरेट पीता नहीं हूँ, तो अब मैं बात करने वाला हूं कुछ जिंदगी की ऐसी बातों पर जो लोगो को बहुत देर से समझ में आती हैं तो कुछ किताबी बातें होंगी, कुछ लोगो के थॉट होंगे, जितना मुझे पता है, मैं बता दूंगा, तो एक महान इंसान ने कहा था की तुम मुझे अपने दोस्त दिखाओ, मैं तुम्हारा फ्यूचर बता दूंगा,

हो भी सकता है यह बात सही है मैं नहीं बोलता के यह बात गलत है, क्योंकि संगति सबसे ज़्यादा मैटर करती है, तुम अपना टाइम स्पेंड कहाँ करते हो जो अपना कीमती वक्त है वो कहाँ खर्च करते हो तुम अपने आप को कहां देते हो और तुम टाइम की वैल्यू कैसे करते हो, जो तुम्हें आज तो पता नहीं चलेगी तो आपको टाइम की वैल्यू तब पता चलेगी जब मैच्युरिटी वेन यू रियलाइज कि अगर तुमने अकेले रहना सीख लिया है, तो तुमने ज़िंदगी को जीना सीख लिया है और जब तुम अकेले रहते हो तो तुम्हें टाइम की वैल्यू तब पता चलती है के वो कितना कीमती है, तो इंसान क्या है कुछ गुज़री हुई यादों का गुलाम इससे ज़्यादा कुछ नहीं है, अब आते हैं एक छोटी से एग्जाम्पल पर कि दो दोस्त हैं मैं एक एग्जाम्पल के तौर पर बता रहा हूँ यह मेरा नज़रिया है के दो दोस्त हैं, पहला दोस्त अपना टाइम स्पेंड करता है पूरे दिन, यह दो दोस्त शाम को मिलते हैं एक जगह यह जो पहला दोस्त है वो अपना पूरा दिन टाइम स्पेंड करता है और वो उस टाइम में किताबे पड़ता है, कुछ अच्छे लोगों से मिलता है और उन लोगों से मिलता है जो पैसे कमाने के ज़रिए को खोजते हैं, उन लोगों से मिलता है जो आगे बढ़ने की सोचते हैं और वो अपने टाइम को सही जगह इन्वेस्ट कर रहा है और यह जो दूसरा इंसान है मतलब जो दूसरा दोस्त है वो उन लोगों से मिलता है, जो लोग डिप्रेशन के अंदर हैं, जो दुखी हैं, जिन्हें लगता है कि जिंदगी का मकसद एक लड़की को प्यार करना था या लड़के को प्यार करना था अगर इस बात को एक लड़की पढ़ रही है तो वो ज़रा अपने नज़रिए से सोचे, तो यह दूसरा दोस्त ज्यादातर दुखी लोगों से ही मिलता है और यह दूसरा दोस्त अपने टाइम को गलत जगह इन्वेस्ट करता है तो अब तुम्हें क्या लगता है कि एक साल, दो साल, तीन साल या पांच साल के बाद में यह दोनों, कहाँ पर होंगे अब देख लो तुम्हें खुद पता चल जाएगा तो अगर कोई इंसान अपने ऊपर एक साल दो साल तीन साल गलत जगह पर गलत लोगों पर लगा देता है तो मुझे नहीं लगता के वो दूसरा दोस्त कुछ कर पाएगा और हां माना के टैलेंट होता होगा मैं इस बात से डिसऐग्री नहीं कर रहा हूँ कहीं ना कहीं मुझे लगता है टैलेन्ट एक शब्द है जिसका मतलब वहम भी हो सकता है, हो सकता है आज जैसा भी हो ठीक है, आज मैं कहानियां ठीक-

ठाक लिख लेता हूं, लेकिन 2015-2016 में अगर कोई देखता तो उसको कोई नहीं मज़ा नहीं आ रहा होता तो मुझे नहीं लगता के मैंने 2020 से पहले कुछ उखाड़ा जिंदगी में, मुझे नहीं लगता ऐसा कुछ उखाड़ा है मैंने या ऐसा कुछ लिख दिया हो जिससे पढ़ने वाला वाह! वाह! करे लेकिन 2020 के बाद फिर मैंने कुछ कहनियां को कुछ जज़्बातों को लिखने का तरीका सब कुछ डिफरेंट किया, क्योंकि जिंदगी आप को एक ऐसे मोड़ पर ले आएगी, यह मेरा मानना है और एक्सपिरियंस है कि लाइफ तुम्हें उस मोड़ पर ले जाएगी जहाँ तुम्हारे अपने दुश्मन बन जायेंगे और जो आपके पहले दोस्त हुआ करते थे वो दुश्मन बन जायेंगे और अगर नहीं बनेंगे तो वो तुमसे अलग हो जाएंगे, तुम्हारे आस-पास में नहीं रहेंगे, शायद ना ही बने तो अच्छा है, लेकिन ज़्यादातर दोस्त या तो अलग हो जाएंगे या दोस्त दुश्मन बन जाएंगे, तुम्हारे अपने लोग तुम्हें जखम देंगे, अजनबी तुम्हारे मरहम लगाएंगे और तुम्हारी ज़िन्दगी का एक अलग रास्ता बन जायगा, तुम्हारी ज़िन्दगी उसी रास्ते पर दौड़ेगी, भागेगी तब तुम्हें पता चलेगा के तुम सक्सेस हुए या नाकामयाब हुए या सक्सेस की तरफ जा रहे हो या जो तुम्हारा गोल था, जो तुमने सेट किया था तुम वहाँ पहुंचने वाले हो या नहीं, प्रोब्लम आती रहेंगी, तुम जाते रहोगे तो वहाँ पर इंसान अकेला हो जाता है, तो वहाँ पर समझ आती है हमें टाइम की वैल्यू, वहाँ पर इंसान कहीं ना कहीं आगे जाता है और वहाँ कहीं ना कहीं इंसान गुज़री हुई यादों का गुलाम हो जाता है, तो मैंने कहा ना के बाद में इंसान सिर्फ़ गुज़री हुई यादों का गुलाम बन जाता है कि पहले के दिन अच्छे थे।

# 20

# मेरे ख्यालात

एक छोटा सा डिफरेन्स है यार ज्यादा बड़ा डिफरेन्स नहीं है कि लड़की तुमसे प्यार कर सकती है, बहुत ज़्यादा प्यार कर सकती है यह एक अच्छी बात है, लेकिन लड़की तुम्हारी इज़्ज़त करे यह बहुत बड़ी बात है, कि प्यार बहुत करती है लेकिन मुंहफट है, बस बेइज्जती कर देती है लोगों के सामने चू*या बोल देती है, लेकिन क्या मतलब मतलब? प्यार तो करती है ना बाबू-बाबू तो करती है ना के मेरे बाबू ने थाना थाया या नहीं थाया, आज की डेट में रिलेशनशिप के अंदर इज़्ज़त तो जैसे एक डायनासोर की तरह हो गई है, लोगों को लगता है कि हुआ करती थी किसी ज़माने में सेल्फ रिस्पेक्ट नाम की कोई चीज़, जैसे मैंने कहानियाँ लिखी हैं, लाइनें लिखी हैं तो मुझे लगता था कि मैं जब इस पर एक किताब लिखूंगा, मेरी किताब को लोगों के सामने लाऊंगा तो लोग इस कान से सुनेंगे और दूसरे कान से निकाल देंगे क्योंकि लोग समझना नहीं चाहते उन बातों को हालांकि मेरी कुछ बातें ऐसी हों जो मुझे लगता था कि यह बातें झट से लोगों को समझ में आएंगी और वो बातें शायद लोगों को समझ में आई हैं और आज के महीने या दो महीने बाद में लोग उन लाइनों को भूल जाते हैं, लेकिन कुछ बातें ऐसी हैं जो वाकई में लोगों याद रहेंगी, तो मेरा मकसद यादगार बनने का रहता है, क्योंकि मैंने जिन लोगों को पढ़ा है वो आज से सौ साल पहले या डेढ़ सौ साल पहले मर चूके

थे लेकिन वो लोग मरने के बाद भी ज़िंदा हैं लोगों में, मतलब मैं उन्हें पढ़ रहा हूँ तो कुछ तो बात होगी ना उन लोगों में तो यादगार बनाने में मेहनत लगती है, हमेशा एक बात याद रखना की जो चीज़ तुम्हें मिल गयी वो खो भी सकती है, लेकिन जिस चीज़ को तुमने मेहनत करके पाया है वो कही नहीं जाएगी, फिर वो चाहे इंसान हो उसकी मोहब्बत हो या फिर कामयाबी हो वो कहीं भी नहीं जाएगी, तो मेरा मकसद यही है कि आगे जाके मैं मरने के बाद जिंदा रहना चाहता हूँ, और जब तक जिंदा हूँ मैं जीना चाहता हूँ, मैं उसके अकॉर्डिंग लिखना चाहता हूँ कि दस साल बीस साल में तीस साल बाद भी लोग मुझे सुने या पढ़े तो समझें कि यार वाकई में था कोई और लोग कहें के There is only one Ouvais entire in this universe. तो जीते जी तो तुम्हारा कोई भी फैन बन सकता है, मरने के बाद लोग तुम्हें कितना याद करते हैं, कितने तुम्हारे फैन रहते हैं या मरने के बाद तुम्हें लोग कितना चाहते हैं वो सबसे और बहुत ज़्यादा है मायने रखता है, बॉलीवुड मैं न जाने कितने एक्टर हैं जैसे मैं बॉलीवुड का एग्ज़ैम्पल देता हूँ, 90's के ज़माने से न जाने कितने कलाकार आए और इस दुनिया से रुखसत हो गए और हर दिन एक नया एक्टर लॉन्च होता है महीने में दो महीने में, लेकिन कितने लोग हैं जो टिक पाते हैं, कितने लोग हैं जो यादगार बन पाएंगे, तो मशहूर तो एक कॉन्ट्रोवर्सी से भी आप हो सकते हैं के एक कॉन्ट्रोवर्सी हुई यह लो जी हो गया फैमस, तो मशहूर तुम भी हो सकते हो लेकिन यादगार बनने के ऊपर डिपेंड करता है और हैं जिंदगी में इंसान की औकात सिर्फ इतनी सी है कि कफन के नीचे हर एक लाश नंगी है, तो इंसान की औकात एंड ऑफ द मोरल यही रहेगी कि तुम नंगे हो और कफन में हो बस इससे से ज़्यादा कुछ नहीं होगा, कुछ लोग कब्र में दफना दीए जाएंगे या कुछ लोग लकड़ियों के ऊपर जला दिए जाएंगे, जैसे मैं अपनी कहानियों में ज़िक्र करता रहता हूँ के आग जलाके तुम्हें राख कर देगी, या यह ज़मीन तुम्हें खाक में मिला देगी, तुम्हारा शरीर जिसपे तुमने घमंड किया हो अब वो लड़का हो या लड़की हो जैसे अट्रैक्शन के तौर पर और गुड लुक्स के तौर पर हो गया, लेकिन जिस लड़के ने या लड़की ने फीलिंग से इज़्ज़त और प्यार से किसी इंसान के दिल में जगह बनाई है तो वो हमेशा बना रहता है, अब में यह

नहीं कह रहा के वो अब ज़्यादा टाइम तक या ऐंड तक आखिरी सांस तक रहेगा लेकिन बहुत लम्बा फितूर रहता है सर के ऊपर और दिलो दिमाग के ऊपर, तो एक बहुत अच्छा फितूर रहता है जब आप किसी नए इंसान से मिलते हो तो तुम्हारा एग्जाम्पल अपने आप सेट हो जाता है उस इंसान के दिमाग के अंदर के वो जो इंसान है वो अलग है, तो जब तुम खाक में मिल चूके हो, लेकिन फिर भी तुम लोगों के दिलों में जिंदा हो तो मैंने कुछ लिखा था के दो चार लाइनें लिख देने से कोई शायर नहीं बन जाता, मरने के बाद तो सब को मिल जाता है कफ़न लेकिन जो जीते जी दफना दे अपने आप को और लोगों के दिलों में जिंदा रहे ऐसा नसीब बर्बाद होने के बाद लिखा जाता है, बेटा ऐसा है बच्चों के नसीब में तूफान नहीं लिखा जाता है, तो अगर तुम्हें ज़िन्दगी में वो नायाब चीजें करनी हैं और लोग तुम्हें यादगार समझे तो उसके लिए तुम्हें भी तो मेहनत करनी होगी हो सकता है जिंदगी तुम्हें एक ऐसे मोड़ पर ले जाकर खड़ा कर दे या हालात आपको वहाँ पर ले जाके खड़ा कर दें के जिस सिचुएशन से तुम लड़ ना पाओ और तुम थोड़े से नेगेटिव भी हो जाओ, लेकिन तुम्हें ऐसा लगता है के तुम्हारे पास एक लड़की है, जो तुमसे प्यार करती है, तुम्हारी गर्लफ्रेंड महबूबा तुम उसको कॉल मिलाते हो, बात करते हो उधर से रिप्लाय आता यार तुम तो बहुत ज़्यादा नेगेटिव हो तुम्हारे अंदर तो नेगेटिविटी की वाइब आ रही है और तुम परेशान होके यह कहते हो के यार फैमिली प्रॉब्लम है, हालात ऐसे कर दिए मैं क्या करूँ कुछ सही नहीं चल रहा है नहीं हो पा रहा है और फिर तुम्हारी गर्लफ्रेंड बोलती है के बस तुम हालातों से डील नहीं कर सकते हो, तुम सिचुएशन को हैंडल नहीं कर सकते हो, तो तुम अपनी लाइफ में क्या करोगे फिर तुम यह बोलते हो के ठीक है, तो मैं आज के बाद तुम्हें तो कॉल नहीं करूँगा तुमने तो मुझे डीमोटिवेट कर दिया फिर वो दुबारा बोलती है के मैंने तो पहले ही कहा था के तुम बहुत ज़्यादा नेगेटिव हो, तुम्हारे अंदर से नेगेटिव वाइब्स आती हैं, एक छोटा सा सच क्या कहा मैंने तुमने तो रिश्ता खत्म करने की सोच ली, तुम तो कभी कॉल नहीं करोगे, अब तुमने तो यह कह दिया हो सकता है तुम थोड़े से नेगेटिव हो लेकिन उतने नहीं हो जितना वो लड़की तुम्हें बता रही है, तो अब वहाँ पर तुम लड़की को शुक्रिया अदा

करो के थैंक यू तुने बहुत अच्छा सबक दिया, आज के बाद में ठीक है, मैं कभी कॉल नहीं करूँगा, मत करो इज़्ज़त हमेशा रखो कि उसने तुम्हें सही डायरेक्शन दी है के नहीं तुम अपनी लाइफ में कुछ तो कर सकते हो और तुम अकेले लड़ सकते हो, तो मैंने फेक फ्रेंड्स के ऊपर कुछ लिखा था और उसमें कहा था की थैंक यू फॉर एवरीथिंग कि तुम लोगों ने मुझे इतना बड़ा सबक दिया है, कि यह जो सबक है यह दुनिया के किसी भी बाज़ार में किसी भी दुकान में नहीं मिल सकता, थैंक यू फॉर एवरीथिंग और सबसे ज़्यादा थैंक यू इस बात के लिए कि तुम लोगों ने मुझ पर इतना भरोसा दिखाया, कि मैं अकेला ही अपनी जिंदगी में बहुत कुछ कर सकता हूँ, मुझे किसी की ज़रूरत नहीं है, ना मुझे तुम्हारे सहारे की ज़रूरत है, ना मुझे प्यार-व्यार वो जो नौटंकी होती है ना उसकी ज़रूरत है मैं अकेला कर सकता हूँ, और जो लोग कहते हैं कि अकेला इंसान इतिहास नहीं बदल सकता तो इतिहास हमेशा एक इंसान बदलता है, आज की डेट में बहुत लोग बोलते हैं के दुनिया बहुत ज़ालिम है भाई अकेला कुछ नहीं कर पायेगा मैं लिख के दे रहा हूँ के कोई भी कुछ अकेला नहीं कर सकता तो एसा लोग बोलते हैं और इतिहास आपने सिकंदर का भी सुना होगा, तुमने बहुत सारे लोगों के इतिहास को सुना होगा तो क्या कभी आपने यह सुना है के उसकी एक टोली हुआ करती थी उसके अंदर हज़ार लोग थे या दस हज़ार या पांच लाख उनके नाम या बताए गए हों तो इतिहास हमेशा राजाओं के नाम याद रखता है, सैनिकों का नहीं तो यह चैप्टर मेरा इसलिए भी फ़ेवरेट है क्योंकि मैं यहाँ पर अपने दिल की बात कर सकता हूँ बिना हिचकिचाए मुझे सोचना नहीं पड़ता क्योंकि अगर इस चैप्टर को जो लोग पढ़ रहें हैं, तो वो लोग एंटरटेन होने नहीं आए हैं शायद वो लोग सिर्फ दिल की बातें बातें पढ़ने आए हैं, कुछ महसूस करने आए हैं, तो कुछ लोग ज़िन्दगी में मोहब्बत नहीं करना चाहते हैं वो अकेले रहते हैं, वो लोग खुद से खुद सवाल पूछते हैं, खुद से नाराज़ होते हैं, खुद से खुद को मना लेते हैं, उन्हें फर्क नहीं पड़ता यह दुनियां उनके बारे में क्या सोचती है, ऐसे लोग अच्छे होते हैं यह बहुत ज़्यादा अच्छे होते हैं और जो लोग प्यार के सहारे जिंदगी को जीना चाहते हैं, काटना चाहते हैं वो भी अच्छे हैं तो मैंने कुछ कहा था के शेर तब तक शेर होता है जब तक वो

जंगल में होता है सर्कस में आने के बाद में वो जोकर से भी ज़्यादा फनी हो जाता है और उसकी औकात एक कुत्ते जैसी हो जाती है, तो तुम, तब तक तुम हो जब तक के तुम, तुम हो, किसी के चक्कर में आने के बाद या जैसे मैं तुम्हारे लिए खुद को बदल रहा हूँ तो तुम अपने आप को खो दोगे और तुमसे कोई प्यार नहीं करेगा क्योंकि तुम, तुम नहीं होना, आज कोई भी मुझसे प्यार करेगा तो मैं, मैं हूँ, तो कोई तुमसे प्यार कैसे कर सकता है जब तुम्हारे पास खुद की आइडेंटिटी नहीं रहेगी, या तुम्हारे पास तुम्हारी खुद की पहचान ही नहीं है, तुम्हारे पास तुम्हरा खुद का वजूद नहीं है, तो कोई तुमसे प्यार कैसे कर सकता है यह तुम सोच भी कैसे सकते हो, जिस तरह खूबसूरत लड़के या लड़की से सबसे जल्दी प्यार हो जाता है ठीक वैसे ही एक अच्छे वजूद वाला और एक अच्छा कैरेक्टर वाला जो इंसान होता है उससे भी बहुत अच्छा वाला प्यार हो सकता है, मैंने एक कहानी पढ़ी थी के लड़का एक लड़की को मानने की कोशीश कर रहा था के मैं तुमसे बहुत प्यार करता हूँ, मैंने तुम्हारे लिए खुद को बदला है मैंने वो चीज़ की है जो तुम्हें अच्छी लगे, लेकिन आज मैं तुमसे सबसे ज़्यादा नफरत करता हूँ, तो इस बात को सुनने के बाद लड़की के ना कुछ एक्स्प्रेशन होते हैं ना कोई रिऐक्शन होते हैं वो लड़की सिर्फ इतना बोलती है के मैं तुमसे नफरत नहीं कर सकती क्योंकि मैं तुम से कभी प्यार ही नहीं कर पाई, मुझे नहीं पता के तुम मुझे यह दिखा रहे हो या तुम मुझे यह बता रहे हो के मैं तुम्हारे लिए इतना बदल गया या इतना अच्छा बन गया लेकिन मैं फिर भी नहीं कर पा रही हूं तुमसे प्यार, पता नहीं क्यों नहीं हो पा रहा है मुझसे, मैंने लाखों कोशिशें की तुमसे प्यार करने की लेकिन फिर भी नहीं हो पा रहा, तो मैं अब यही कहना चाहता हूं कुछ भी हो जाए ज़िंदगी के अंदर लेकिन तुम खुद का वजूद कभी मत भूलना, हमेशा याद रखना के तुम्हारा एक वजूद है और यह ज़िंदगी की हकीकत है कि जो इंसान आज की डेट में तुमसे सबसे ज़्यादा नफरत कर रहा है, तो वो पहले तुमसे सबसे ज़्यादा मोहब्बत किया करता था, तुम्हारा सबसे बड़ा दुश्मन कौन है शायद तुम्हारा कोई दोस्त ही होगा, तो आज के वक्त मैं तुम्हारा ही कोई अपना तुम्हारा दुश्मन बनने वाला है और कोई अंजान इंसान तुम्हारा सबसे बड़ा वेल विशर बनने वाला है, हमेशा एक

बात याद रखना कि हर दिन एक नया सवेरा होता है सूइसाइड जिसने करने की सोची है वो कमज़ोर नहीं है, वो कहीं से भी कमज़ोर नहीं है, जिसने सुसाइड कर लिया वो बहुत ज़्यादा कमज़ोर है, सूइसाइड करने की तो आई थिंक सोचता ही रहता है इंसान, जैसे मेरे जैसे इंसान ने दो तीन बार सोच लिया, लेकिन खुद खुशी कहां गमों का हल बनती है, मैंने एक लाइन लिखी थी के खुदकुशी कहां गमों का हल बनती मौत के अपने सौ झमेले थे, सताने वाले भी अपने थे और दफनाने वाले भी अपने थे, तो जो नेवर गिव अप है ना के कभी हार मत मानो डाटे राहो यह सब बेबुनियादी शब्द लगने लग जाएंगे, एक सिचुएशन जिंदगी में ऐसी भी आ जाएगी लगेगा खत्म हो चुका है सब भाड़ में जाए यह मोटिवेशन यह सब चीज़े नहीं करनी है, हार मान लेता हूँ, तो बस अब यही सही होगा, लेकिन फिर एक माइंड में ख्याल आ जाता है, के कल क्या पता अच्छा आ जाए, बस यह जो एक छोटा सा ख्याल है, कि कल क्या पता अच्छा आ जाए, यह एक बुरा दिन है, लेनिक पूरी जिंदगी बुरी नहीं है, बस यही सिचुएशन है, अप एंड डाउन आते रहेंगे लाइफ में कोई बड़ी बात नहीं है, ज़िन्दगी मैं हर एक सिचुएशन को हैंडल कर के चलते रहना, एक नया एक्स्पीरियंस लेते रहना और अगर कोई मोड़ आ जाए तो रास्ता बदल लेना, नए-नए लोगों से मिलना, नई सिचुएशन को अलग तरीके से हैंडल करना तो यही तो तरीका होता है ज़िंदगी को जीने का।

# 21

## मूड

मुझे लड़की के किसी भी जोक पर हँसी नहीं आती है, सिवाय इसके कि वो सिर्फ मुझ से मोहब्बत करती है, मुझ से मोहब्बत करती है यह समझ में आता है, लेकिन यह जो सिर्फ है मेरे ज़ेहन में, सिर्फ खलबली मचा देता है और मैं इस तरह की लड़कियों से मैं दूर भागता हूँ मैं किनारा कर लेता हूँ क्योंकि उनके लिए सिर्फ एक शब्द है और मेरे लिए यह सिर्फ एक शब्द के साथ-साथ बर्बाद हो जाने का ज़रिया भी मुझे डर लगता है, इस तरह की लड़कियों से जो सिर्फ मुझसे मोहब्बत करती हैं, कहने को लोग कहते हैं कि गोल्ड डिगर लड़कियां भी होती हैं, जो पैसों पर मरती हैं, शायद होती होंगी, मैं इस बात से डिसऐग्री नहीं करता, लेकिन मैं कभी भी इस तरह की लड़कियों से नहीं मिला नहीं हूं, पता नहीं क्यों शायद हो सकता है वो लड़कियां मुझसे ना मिली हों, मेरी कहानियों में, मेरे शब्दों के अंदर भी तुम्हें लड़की की बेवफाई का ज़िक्र मिल जायेगा, लेकिन मैंने बहुत कम ऐसी कहानियाँ लिखी हैं जिसके अंदर मैंने लड़की को पैसों की भूखी बताया है, क्योंकि मुफलिसी का साया मेरे साथ मेरी माँ की दुआ की तरह हर वक्त मेरे साथ रहा, मतलब पता नहीं वो लड़के कहाँ मिलते हैं जो लड़कियों के ऊपर लाखों रुपये खर्च कर देते हैं अगर मुझसे लड़की सौ रुपए भी मांग लेती तो शायद उसे लाखों बार सोचना पड़ता के मांगू या ना मांगू लेकिन कभी भी ऐसा नहीं हुआ कि मैंने लड़की से पैसे मांगे हों ऐसा कभी नहीं हुआ, मैं कभी लड़की के साथ पानी पूरी नहीं खा पाया

क्योंकि मेरे पास पैसे नहीं होते थे और लड़की मुझे पैसे दे यह बात मुझे बिल्कुल भी मंज़ूर नहीं थी ऐसा नहीं है के मैंने कभी किसी लड़कि के साथ डेट पर जाना नहीं चाहा, ऐसा नहीं है, के मैंने किसी लड़की के साथ गार्डन में घूमाना नहीं चाहा, और ऐसा भी नहीं है के मैंने किसी लड़की के साथ मॉल में जाना नहीं चाहा या शॉपिंग करना नहीं चाहा, यह हर एक मिडिल क्लास लड़के की ख्वाइश होती है और मेरी भी कभी रही थी लेकिन मेरे पास कभी पैसे नहीं हुआ करते थे और जिस लड़की से में प्यार करता था उससे मांगने में मुझे शर्म आती थी, इन सब बातों के बावजूद भी मैंने उसकी आँखों के अंदर अपने लिए एक अलग रुतबा देखा है और एक अलग इज़्ज़त देखी है, पता नहीं क्यों जिस तरह हर इंसान की अपनी एक पहचान होती है ठीक उसी तरह हर लड़की की अपनी क्वालिटी होती है, मैंने कहा ना मुफलिसी का साया मेरे साथ मेरी माँ की दुआ की तरह हर वक्त मेरे साथ रहा, तो शायद वो ही गुरुर मेरे फितूर में सवार रहा कि अब मुझे कौन बर्बाद कर सकता है या मेरे पास अब खोने के लिए क्या है सच कहूं तो कुछ भी नहीं, ना दौलत मुझे मिल पाई, ना शोहरत मुझे मिल पाई और प्यार पता नहीं शायद कब का मर चुका था, मैंने कई बार प्यार को दफना दिया, कभी दफनाया, कभी जलाया और कभी बस किसी मोड़ पर खूबसूरत मंज़र की तरह छोड़ आया और कभी-कभी तो अलविदा भी नहीं कहा, तो हर लड़की की अपनी एक क्वालिटी होती है, मैंने कई बार लड़की की आँखों में खुद को देखा है या यह कहलो के उसने अपनी आँखों को एक आयना बना दिया था कि तुम देख सकते हो इसके अंदर, अब काफी लोग होते हैं जो गुरुर की वजह से नहीं देख पाते, तो कुछ लोग यह कुबूल नहीं कर पाते कि उसकी आँखों में देखने के बाद वो खुद को बहुत गिरा हुआ फील करते हैं एक्सेप्ट ही नहीं कर पाते वो सोचते हैं कि हम तो बहुत ज़्यादा ऐटिट्यूड वाले गुरुर वाले इंसान हैं, लेकिन इस मामले के अंदर मैं बहुत ही भाग्यशाली रहा और खुश किस्मत रहा, बहुत ही ज़्यादा, मैंने लड़की की आँखों में जब भी देखा तो अपना एक अलग ही फितूर अलग कैरक्टर, अलग इज़्ज़त, अलग नादानी हर तरह से खुद मेहसूस किया और शायद यही वजह है कि मैं उस लड़की की आँखों में देखकर खुद को सवारता रहा, अपनी कमियों

को इस कदर बदतमीजियों में बदला कि लोग मेरी बदतमीजियों के भी दीवाने हो जाएं शायद यही वजह है कि अगर तुम मुझसे नफरत करते हो या तो तुम मुझे जानते नहीं हो और अगर जानते हो और फिर भी नफरत करते हो तो फिर हो सकता है तुम्हारे जेनेटिक्स में वो प्रॉब्लम हो तुम शायद पैदा ही नफरत करने के लिए हुए हो, तो अगर तुम मुझसे नफरत करते हो या तो इसे मेरा गुरूर कह सकते हो, मेरा घमंड कह सकते हो, या इसे मेरी बचकानी हरकत, मेरी नादानी या बदतमीज़ी जो तुम्हारे मन में आता है तुम कह सकते हो, लेकिन अगर तुम मुझसे नफरत करते हो तो उसकी एक ही वजह हो सकती है या तो तुम्हारी बहन तुम्हारी गर्लफ्रेंड तुम्हारी बीवी मुझे बहुत लाइक करती है, तो कहीं ना कहीं यही एक वजह हो सकती है मुझसे नफरत करने के लिए या फिर दूसरी वजह अगर मैं कहूँ तो तुम शायद पैदा ही मुझसे नफरत करने के लिए हुए हो और यकीन मानो तुम्हारा यह जो मकसद है, यह बहुत ही कमाल का है और बहुत ही काबिल-ऐ-तारीफ वाला है, तो मैं चाहता हूँ कि तुम इस मकसद को अपना जिंदगीभर का मकसद बना लो मुझसे नफरत करो, बेइंतहा करो, मैं तुम्हें बिल्कुल नहीं रोकूंगा, बिल्कुल नहीं टोकूंगा, बल्कि मैं तो तुम्हारे इस मकसद की तारीफ करूंगा, तुम्हें पता है, तुमने अपनी जिंदगी का एक मकसद खोज लिया है, मुझसे नफ़रत करके, में बहुत खुश हूं के कम से कम तुम्हारी जिंदगी में कोई मकसद तो है, तो पता है कभी-कभी मेरा दिल करता है के मैं मर्दों की एक ऐसी दुनिया बनाऊं जिसमें मर्द को भी दर्द होता है, और यह घटिया नूसी बातें हैं कि मर्द को कभी दर्द नहीं होता, तो मर्द को दर्द होता है, मर्द को जितना दर्द होता है उतना औरत को नहीं हो सकता, मर्दों को भी रोकना चाहिए फूट-फूट कर रोना चाहिए लेकिन यह सिर्फ कल्पना है मेरी, और जब भी मैं किसी अनजान लड़की से मिलता हूँ तो शुरुआत के अंदर वो लड़की मुझे या तो आवारा समझती है या कभी-कभी गवार भी समझ लेती है और बेवकूफ भी जितने भी एक मर्द को बुरे शब्द कहे जा सकते हैं वो सब कुछ समझ लेती है, लेकिन पता नहीं यह कौन सा रहमो करम है, मेरे सर पर किसका हाथ है, मैं कुछ नहीं जानता और वो लड़की मुझसे कुछ देर बात करने के बाद थोड़ी बहुत ही सही पर वो मुझे इज्ज़त देने लग जाती है और कहीं ना

कहीं मुझे लाइक करने लग जाती है और कुछ देर की मुलाकात के बाद और कुछ दिनों बाद में मुझे वो यह बात भी बता रही होती है के उसे अंधेरे से डर लगता है, मैंने कभी नहीं जानना चाहा कि उसको अंधेरे से डर क्यों लगता है बस वो खुद बता देती है वो अपने दिल की हर एक बात बताना चाहती है पता नहीं क्यों वो यह भी बता देती है कि उसकी मां उससे कम उसके भाई से ज़्यादा प्यार करती हैं, पता नहीं यह मेरी कैसी बतमीज़ी है यह कैसा पागलपन और बेवकूफ़ी है जिसकी वजह से मेरे दोस्त मुझसे अलग होते रहे, रिश्ते टूटते रहे, लोग अनजान बनते रहे लेकिन कुछ लोग हैं जो आज भी मेरी फ़िक्र करते हैं शायद वो मुझे मुझसे भी ज़्यादा जानते हैं और यह बात उन्होंने मुझे खुद बताई थी तो एक अजीब सा डर लगा रेहता है मुझे के अगर कोइ रिश्ता ज़्यादा दिनों तक चल जाता है ना बहुत बेचैनी सी होती है, खोने का डर लगा रहता है, मुझे अब तक याद है जब पहली बार उसने कहा था के तुम सिगरेट कभी नहीं पीना, तुम्हारे हाथों में सिगरेट नहीं कलम ज़्यादा अच्छी लगती है, तुम राइटर क्यों नहीं बन जाते तो मैंने कलम पकड़ ली फिर वो छोड़ के चली गयी आज जब भी मेरा मन भटकता है, तो मैं सोचता हूँ कि काश उस दिन उसकी बात का यकीन नहीं किया होता, लोग बहुत आसानी से आँखों में आँखें डाल कर प्यार का सहारा लेकर लिबास को उतार कर बिस्तर में लेटकर बहुत झूठ बोलते हैं और सबसे ज़्यादा झूठ नंगे बदन और बिस्तर के अंदर बोले जाते हैं यह बहुत लोगों के पर्सनल एक्सपीरियंस हो सकते हैं अब मैं गलत हूं भी या नहीं हूँ क्योंकि शायद ही हर किसी का पर्सनल एक्सपीरियंस एक जैसा हो, और जो मैंने ज़िक्र किया है के कुछ लोगों को मेरी फ़िक्र है, मुझे मेरा नाम बहुत पसन्द है उवैस और उवैस यह जो नाम है इसका मतलब होता है दोस्त और जब ज़िंदगी में मेरा कोई अपना नहीं रहेगा और जब मैं अकेला हो जाऊंगा तो मेरा नाम ही मेरा सहारा होगा, एक बार कुछ हादसा हुआ था मेरे साथ तो सोचा अगर मैं बच गया तो आज से यही मेरा जन्मदिन होगा वैसे मेरा जन्मदिन 18 सितंबर को है और अगर कुछ लोग जो मुझसे कनेक्ट हो पाएं हैं मेरी इस किताब के ज़रिए और इस किताब की कहानियों के ज़रिए में उनसे यह कहना चाहुंगा के मुझे भले ही प्यार या किसी की ज़रूरत ना हो, लेकिन दुआ की

बहुत ज़रूरत है, और हर वक्त होती है दुआ की ज़रूरत, चलो दुबारा कह देता हूँ की प्यार और दुआ की बहुत ज़रूरत है मुझे, अगर दिल करे तो दोनों की दोनो दे देना रख लूँगा अपने दिल के किसी कोने में।

# 22

# I am

There is only one Ouvais entire in this universe.
Social Media : ouvaismahrus
Email : ouvaismahrus@gmail.com